Dr. med. Björn Hollensteiner

ist Jahrgang 1974, Hausarzt, Hobbybäcker und Buchautor. Seit 15 Jahren backt der Vater dreier Kinder gesundes Brot in der eigenen Küche für die Familie und berichtet darüber auf seinem Backblog brotdoc.com. In internationalen Weiterbildungen und auf Profi-Kursen an einer deutschen Backakademie erlangte er weitere Kenntnisse. In seiner Praxis behandelt er fast täglich Menschen mit Verdauungsbeschwerden und ernährungsassoziierten Erkrankungen. Dabei spielen seine Erfahrungen mit dem Brotbacken in der Beratung immer eine große Rolle. Björn Hollensteiner ist Autor von drei erfolgreichen Brotbackbüchern und gibt regelmäßig Backkurse.

Gesund und schlank mit Brot

Einer der größten Hebel für die gesunde Ernährung:
selbst gebackenes Brot

Dr. med. Björn Hollensteiner

Fotos Hubertus Schüler

Rustikus

Haferwecken

Brown Soda Bread

Vielsaatenbrot

Haferbrühbrot

Dinkel-Laugenhörnchen

Saaten-Knorzen

Frühstückchen

Maistortillas

Inhalt

Brotgenuss auf/mit Rezept

Seit 15 Jahren backe ich Brot und Brötchen in der eigenen Küche selbst. Was als Versuch begann, hier im Münsterland nicht verfügbare Brotsorten wie französische Baguettes einfach selbst herzustellen, ist inzwischen zu einem oft tagfüllenden Hobby gewachsen. **Ich merkte schnell, dass Brotbacken nicht nur geschmackliche Vorteile hat, sondern dass auch ein vielfältiger gesundheitlicher Nutzen daraus gezogen werden kann.**

In meiner Tätigkeit als Hausarzt in einer mittelgroßen westfälischen Stadt spielen Ernährung und Ernährungsberatung täglich eine Rolle. Viele Krankheiten hängen mit der Art der Ernährung, mit der Auswahl der Lebensmittel und mit deren Verarbeitung zusammen. Unverträglichkeiten, Allergien und sogenannte Zivilisationskrankheiten nehmen nicht nur gefühlt in den letzten Jahrzehnten zu. Brot ist als Hauptnahrungsmittel dabei eine wichtiger Beratungsbestandteil. Brotherstellung und Medizin haben einige fachliche Überschneidungen und es hilft mir bei meiner täglichen Arbeit sehr, dass ich mich inzwischen in beidem gut auskenne.

Häufig bekomme ich ein positives Feedback, wenn ich Patienten rate, sich ihr Brot selbst zu backen. Beschwerden lassen nach, die Verdauung verbessert sich, die Betroffenen sind ausgeglichener und können ihr Leben wieder besser meistern. Bei manchen funktioniert es aber nicht. Je mehr ich mich in die fachlichen, biologischen und chemischen Hintergründe der Brotherstellung eingearbeitet habe, desto besser verstand ich die **Zusammenhänge zwischen den Ursachen der Erkrankungen und der Brotherstellung.**

Keine Krankheit gleicht der anderen und in der Medizin gibt es keine Patentlösungen, die sich für alle Menschen gleichzeitig eignen. Die Zusammenhänge sind komplizierter und erfordern individuellere Lösungen, um jedem Einzelnen adäquat zu helfen. So ist zum Beispiel Sauerteigbrot generell sehr gesundheitsförderlich, kann einem Menschen mit Histamin-Intoleranz aber sogar schaden. **Selbst zu backen, verschafft Kontrolle darüber, welche Zutaten verwendet werden.** Es stellt zweifelsfrei sicher, dass keine unerkannten Allergene im Brot landen.

Daraus entstand der Wunsch, meine Erkenntnisse in Form eines Buchs weiterzugeben. Das Ergebnis halten Sie gerade in Ihren Händen. Neben einer Zusammenfassung der medizinischen Hintergründe habe ich 40 Rezepte entwickelt, die sich zur Ernährung bei verschiedenen Erkrankungen und Beschwerden eignen. Neben Unverträglichkeiten und Allergien wird hierbei auch auf Diabetes und krankhaftes Übergewicht eingegangen. Krankheiten, von denen ich selbst betroffen bin.

Ich wünsche mir, dass Sie als Leserinnen und Leser einen großen Nutzen aus diesem Buch ziehen können oder sich als Betroffene wieder normaler und gesünder ernähren können.

Brot und Gesundheit

Durch Brot decken Menschen durchschnittlich 30 Prozent der täglich aufgenommenen Kalorienmenge. Mit selbst gebackenem Brot erreichen Sie eine qualitative Verbesserung Ihrer Ernährung.

Die tägliche Portion Gesundheit

Brot ist ein in höchstem Maß gesundes Lebensmittel. Wie nur wenige andere Nahrungsmittel versorgt Brot den Körper mit wichtigen Nährstoffen, die zum Leben erforderlich sind. Historisch gesehen stellt die Sesshaftwerdung der Menschheit, die eng mit dem Anbau von Getreide und damit der Brotherstellung verbunden ist, einen der bedeutendsten Entwicklungsschritte dar. Ohne Brot als Hauptnahrungsmittel wäre die menschliche Weiterentwicklung bis in die Neuzeit hinein kaum denkbar. Erst heute ist es aufgrund der Vielfalt der verfügbaren Lebensmittel unterschiedlichster globaler Herkunft und Zusammensetzung den Menschen regelhaft möglich, alternative Lebensmittel zu konsumieren und sogar ganz auf Brot im täglichen Speiseplan zu verzichten.

In meiner hausärztlichen Sprechstunde ist Brot dennoch oder gerade deshalb immer wieder ein Beratungsthema. Auf der Suche nach Ursachen für Verdauungsbeschwerden und Schmerzen im Bauchraum sowie bei ernährungsassoziierten Erkrankungen wie der Zuckerkrankheit oder des Übergewichts gerät auch das Hauptnahrungsmittel „Brot" in den Fokus der medizinischen Beratungen.

Brot essen die meisten Menschen zumindest einmal täglich und damit gehört es zu jenen Nahrungsmitteln, die ganz oben auf der Liste der möglichen Erkrankungsursachen stehen.

Das derzeitige Ausmaß der Verdauungsstörungen und die große Zahl der Betroffenen lassen sich nicht allein durch ein erhöhtes Gesundheitsbewusstsein, eine verstärkte Selbstbeobachtung und „Dr. Google" sowie ungünstigere Lebensumstände erklären. Auch das Brot selbst scheint heute problematischer zu sein als früher.

Wie so oft gibt es hierbei leider keine einzelne Ursache, die dafür verantwortlich ist, sondern ein Mischbild verschiedener Gründe. Die Wissenschaft liefert inzwischen einige Erklärungen, auf die ich im weiteren Text eingehen werde, andere liegen noch im Dunkeln.

Wenn ich den Versuch machen müsste, das Ursachenkonglomerat in wenigen Worten zusammenzufassen, dann vielleicht so: Die heute übliche industrielle und quasiindustrielle Brotherstellung in Großbetrieben hat ökonomisch sicher viele Vorteile. Der Gesundheit scheint sie aber nicht so zuträglich zu sein. Brot als natürliches Lebensmittel aus natürlichen Zutaten scheint sich nicht ohne Folgen durch moderne Herstellungsprozesse mit Gebrauch lebensmittelchemischer Zusätze ersetzen zu lassen.

Anno dazumal war vielleicht weder die Sortenvielfalt noch die heutige optische Anmutung der Backwaren in den Auslagen der Bäckereien zu finden, doch konnten die Menschen damals Brot bedenkenloser essen.

Das ist der Grund, warum mehr und mehr Menschen heute ihr Brot selbst backen.

Um diese Zusammenhänge besser zu verstehen, wenden wir uns vor der Beschreibung brotassoziierter Erkrankungen erst einmal der Frage zu, was in unserem täglichen Brot enthalten ist.

Woraus besteht Brot?

Grundsätzlich besteht Brot aus gemahlenem Getreide, also Mehl oder Schrot, Wasser, Salz und einem Triebmittel, das den Teig aufgehen lässt. Die geschichtlich gesehen wichtigsten Brotgetreide sind Weizen, Roggen, Dinkel, Gerste und Hafer, wobei Letztere in der heutigen Zeit in der Brotherstellung nur noch eine kleine Rolle spielen. Wasser, Salz und Triebmittel erfüllen bei der Brotherstellung technische Funktionen oder dienen geschmacklichen Zwecken. Das Getreidekorn selbst liefert die Hauptnährstoffe.

Ein Getreidekorn ist nichts anderes als der Samen der Getreidepflanze. Es enthält alles, was der in ihm enthaltene Keimling für die Keimung und Bildung einer neuen Pflanze benötigt, bevor diese sich durch Wurzeln und Photosynthese selbst versorgen kann. Das sind vor allem Stärke, Eiweiße und Fette sowie Vitamine und Mineralstoffe/Spurenelemente.

Stärke

Stärke ist der Hauptbestandteil des Getreidekorns. Die gängigen Brotgetreidekörner enthalten etwa 60 Prozent Stärke. Stärke oder auch Kohlenhydrate stellen eine Speicherform von Zucker dar, welcher der Hauptenergielieferant aller Organismen ist. Stärkemoleküle können Sie sich wie lange Ketten von einzelnen Zuckereinheiten vorstellen.

Nach dem Verzehr besteht einer der wichtigsten Verdauungsschritte im Darm darin, die Verbindungen zwischen den Zuckermolekülen zu spalten. Dabei entstehen Einfachzucker wie Glucose und Fruktose sowie Mehrfachzucker wie Saccharose und Maltose. Diese im Vergleich zur Stärke kleinen Moleküle können durch die Darmwand in den Blutstrom eingeschleust werden und stehen nun dem Stoffwechsel in der Leber und den Körperzellen zur Verfügung.

Inhaltsstoffe im Vergleich: konventionelles helles Mischbrot und vollwertiges Brot

Quelle: Brot 1/2014

19 %	48,8 g	Kohlenhydrate	38,7 g	15 %
11 %	8,2 g	Eiweiße	7,3 g	10 %
11 %	3,2 g	Ballaststoffe	8,1 g	27 %
2 %	1,2 g	Fette	1,2 g	2 %
18 %	0,54 g	Natrium	0,53 g	18 %
11 %	88 mg	Phosphor	201 mg	25 %
5 %	0,7 mg	Zink	1,5 mg	10 %
20 %	0,2 mg	Kupfer	0,2 mg	20 %
9 %	0,1 mg	Vitamin B_1	0,2 mg	18 %

Eiweiße

Eiweiße sind in verschiedener Form je nach Getreidesorte zwischen 8 und 12 Prozent im Getreidekorn vorhanden. Neben dem für die Teigentstehung wichtigen Klebereiweiß Gluten sind das vor allem Albumine und Globuline, die sich in den Randschichten des Korns befinden, sowie Amylase-Trypsin-Inhibitoren, über die noch zu sprechen sein wird. Zu den Eiweißen zählen auch getreideeigene Enzyme wie Amylasen und Hemicellulasen, deren Aufgabe der Abbau der Stärke im Getreidekorn während des Keimungsprozesses ist.

Fette

Nur etwa 1 bis 2 Prozent gesättigte und ungesättigte Fette sind in Getreidekörnern enthalten, und zwar vor allem im Keimling. Der Rest des Getreidekorns setzt sich aus den Ballaststoffen und Spurenelementen zusammen.

Mineral- oder Ballaststoffe

Zu den enthaltenen Mineral- oder Ballaststoffen zählen Calcium, Magnesium, Kalium und Phosphor. An Spurenelementen sind vor allem Eisen, Zink und Mangan zu nennen. Alle diese Stoffe haben wichtige Aufgaben im Stoffwechsel des menschlichen Körpers. Mangelzustände können zu Krankheiten führen.

Weitere wichtige Ballaststoffe im Getreide sind die sogenannten sekundären Pflanzenstoffe. Dazu zählt die Phytinsäure, die der Pflanze zur Speicherung der Mineralstoffe dient. Auch das Beta-Glucan, das aus den Zellwänden der Getreidekörner stammt, ist ein sekundärer Pflanzenstoff. Ebenfalls wichtig sind die Schleimstoffe (Pentosane). Sie spielen bei der Herstellung von Roggenteigen eine große Rolle.

Vitamine

Nicht zuletzt sind Getreidekörner Lieferanten von Vitaminen. Hervorzuheben sind hier besonders die B-Vitamine Thiamin (Vitamin B_1), Riboflavin (B_2), Pyridoxin (B_6), Biotin (B_7) und Folsäure (B_9). Diese Vitamine spielen eine wichtige Rolle für das Nervensystem, bei der Zellteilung, in der Blutbildung und beim Energiehaushalt des Körpers.

Neben den Bestandteilen, die aus den verwendeten Getreidearten stammen, können Brotteigen auch weitere Zutaten natürlichen Ursprungs beigefügt sein. Hierzu zählen Milch und Milchprodukte, Saaten, Ei- und Eiprodukte, Zucker und andere Süßungsmittel sowie Fette. Je nach Triebmittel und Dauer der Teigreifung können Brotteige auch signifikante Mengen an Histamin enthalten.

Sie sehen, dass eine Vielfalt an wichtigen Nährstoffen und nützlichen Bestandteilen im Brot enthalten ist. Neben ihren positiven Eigenschaften können sie wie so oft in der Natur aber auch Ursache von Erkrankungen oder Beschwerden sein.

Leider kommt hinzu, dass in der „modernen" Profibäckerei auch Backhilfsmittel nichtnatürlichen Ursprungs eingesetzt werden, die den natürlichen Teigreifungsprozess verkürzen, vereinfachen und optimieren sollen. Zudem sorgen sie für Teige, die sich maschinell besser verarbeiten lassen. Ob und welche gesundheitlichen Folgen die Verwendung dieser lebensmittelchemischen Zutaten für den Körper hat, ist nur teilweise erforscht und bekannt.

Im Folgenden gehe ich näher auf den Verdauungsprozess ein, in dessen Verlauf die meisten der brotassoziierten Erkrankungen und Beschwerden entstehen.

Der Verdauungsprozess von Brot

In der Mundhöhle sollten Speisen ausreichend gekaut werden. Der Prozess des Kauens zerkleinert die Nahrung und mischt sie mit dem Speichel, der von den Ohrspeicheldrüsen und den Unterkieferspeicheldrüsen produziert wird. Hierbei kommt es bereits durch Einfluss des im Speichel enthaltenen Enzyms Amylase zu einem beginnenden Abbau der Brotstärke. Die Speiseröhre befördert alles nach dem Schluckakt durch rhythmisches Kontrahieren in Richtung Magen.

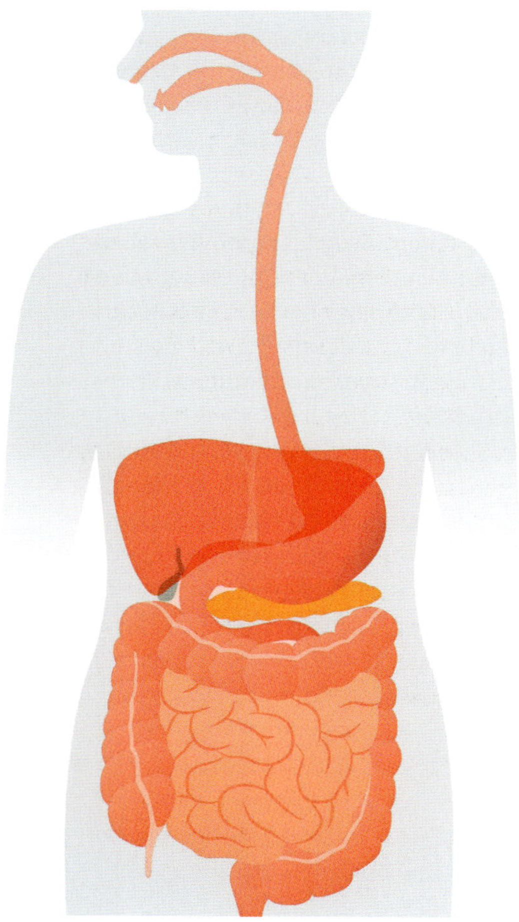

Magen

Im Magen angekommen, wird der vom Speichel angefeuchtete und durchmischte Speisebrei der Magensäure und eiweißspaltenden Enzymen (Pepsinen) ausgesetzt. Während des Aufenthalts im Magen durchmischen sich die Speisen durch rhythmisches Zusammenziehen der Magenwand weiter. Säure und Enzyme bauen die in der Nahrung enthaltenen Eiweiße zu sogenannten Polypeptidketten ab und bereiten sie auf diese Weise für die weitere Verdauung im Dünndarm vor. Der Magen hat auch eine wichtige speichernde Funktion: Durch ihn können die meisten Wirbeltiere mit ein bis drei größeren Mahlzeiten am Tag auskommen.

Dünndarm

Der Magen gibt durch einen Schließmuskel (Pylorus) den Nahrungsbrei kontrolliert an den Dünndarm weiter. Direkt zu Beginn des Transfers durch den Dünndarm fließen durch eine Öffnung in der Darmwand Verdauungssäfte dazu. Es handelt sich um die gemeinsame Mündung des Gallengangs und des Bauchspeicheldrüsengangs (Papilla Vateri).

Die Bauchspeicheldrüse (Pankreas) produziert nahezu alle wichtigen Verdauungsenzyme, die für die Spaltung und den Abbau der Nährstoffe im Dünndarm erforderlich sind. Hierzu zählen Enzyme zur Eiweißspaltung (Proteasen, Peptidasen), zur Stärkespaltung (Alpha-Amylasen), zur Fettspaltung (Lipasen) und zur Spaltung von Nukleinsäuren (Ribonukleasen).

Aufgabe der Gallenflüssigkeit, die in der Leber produziert und in der Gallenblase gespeichert wird, ist die Emulgation, also die Vermischung zweier nicht löslicher Flüssigkeiten zu einer homogenen Mischung. Hierbei geht es um die in der Nahrung enthaltenen Fette, die ohne Emulgation nicht hinreichend vom Körper aufgenommen werden könnten. Sie können sich die Gallenflüssigkeit vereinfacht wie den Tropfen Spülmittel vorstellen, der in Ihrer Bratpfanne beim Spülen die Fetttropfen im Wasser löst und somit abspülbar macht.

Der Dünndarm ist zwischen drei und fünf Meter lang und dient der Aufnahme der Nährstoffe aus dem Speisebrei. Hierzu verfügt er durch seine inneren Darmwandfalten und sogenannten Zotten und Krypten über eine enorm vergrößerte innere Oberfläche, die die Oberfläche der Haut um ein Vielfaches übersteigt. Die Dünndarmwand ist sehr gut durchblutet und nutzt eine eigene Darmwandmuskulatur, um den Transport des Speisebreis durch rhythmisches Zusammenziehen (Peristaltik) zu bewerkstelligen. Die zugeflossenen Verdauungsenzyme und Emulgatoren zerkleinern während des Transfers durch den Dünndarm die Bestandteile des Speisebreis in so kleine Einheiten, dass diese die Darmwand passieren und in der Blutbahn abtransportiert werden können. Auch Wasser wird vom Dünndarm in signifikanter Menge resorbiert.

In der Dünndarmwand wachen unzählige Immunzellen über das Wohlergehen des Körpers. Der passierende Speisebrei enthält nämlich Bakterien, Viren und viele andere Inhaltsstoffe, die für den Körper potenziell schädlich sein könnten. Diese zu identifizieren und möglichst unschädlich zu machen, ist Aufgabe des darmassoziierten Immunsystems. Dieses spielt in der Entstehung von Nahrungsallergien, manchen Intoleranzen sowie bei der Zöliakie eine große Rolle.

Dickdarm

Nach dem Dünndarmtransfer erreicht der nun um viele Nährstoffe ärmere Speisebrei den Dickdarm, dessen Aufgabe die Speicherung des Stuhls vor der Ausscheidung und die weitere Eindickung durch Entzug von Wasser ist. Eine weitere wichtige Funktion des Dickdarms ist die Aufschlüsselung zuvor unverdauter Nährstoffe, vor allem kurzkettiger Fettsäuren und des Vitamins K, durch das Darmmikrobiom.

Das Darmmikrobiom stellt die Gesamtheit der im Dickdarm lebenden Mikroorganismen dar, die mit dem menschlichen Körper in Symbiose leben. Sie können sich dieses Mikrobiom wie ein biologisches Gleichgewicht von Mikroorganismen vorstellen, das sich selbst unterhält und dabei wichtige Funktionen wahrnimmt. In den letzten Jahren ist es Gegenstand verstärkter Forschung geworden, da Ungleichgewichten der Mikroorganismen und Fehlbesiedelungen eine immer größere Rolle bei der Entstehung von Erkrankungen zugeschrieben wird.

Was nach dem Verdauungsprozess noch übrig ist – das sind vor allem Ballaststoffe und abgeschilferte Darmschleimhaut –, wird über den After ausgeschieden.

Brotassoziierte Erkrankungen

Beschwerden wie Bauchschmerzen, vermehrte Darmgasentstehung (Meteorismus), Stuhlunregelmäßigkeiten und Krämpfe zählen zu den häufigsten Beratungsanlässen in der Hausarztpraxis. In vielen Fällen sind diese Beschwerden vorübergehend, lassen sich auf akute Infektionen oder verdorbene Nahrungsmittel zurückführen und sind nicht weiter bedenklich.

Treten nach dem Verzehr von Brot aber regelmäßig Beschwerden im Bauchraum auf, kommt es nachvollziehbar zu anhaltenden Störungen in der Verdauung, dann können verschiedene Ursachen dahinterstecken. Wenn Brot oder Brotbestandteile selbst der Auslöser sind, wird zwischen Intoleranzen, Allergien und Verdauungsstörungen oder Fehlverdauungen unterschieden. Wichtige Differenzialdiagnosen, deren Auslöser nicht das Brot ist, sind entzündliche Darmerkrankungen, Tumorerkrankungen und Störungen des Darmnervensystems.

Brot spielt aber auch eine Rolle in der hausärztlichen Beratung, wenn Krankheiten wie die Zuckerkrankheit (Diabetes mellitus) und krankhaftes Übergewicht vorliegen.

Hierbei kann über die Art und Weise des Brotkonsums und die Auswahl der Brotsorten auf den Erkrankungsverlauf Einfluss genommen werden. Backen Sie Ihr Brot selbst, können Sie durch die Wahl der Zutaten bei diesen Erkrankungen viele Verbesserungen erreichen.

- Laktose-, Fruktose- und Sorbit-Intoleranz
- Histamin-Intoleranz
- Allergien (z. B. Getreide, Nuss, Ei, Milcheiweiß)
- Zöliakie
- Nicht-Zöliakie-Weizensensitivität
- Reizdarmsyndrom
- Zuckerkrankheit (Diabetes mellitus)

Die Diagnostik

Brotassoziierte Erkrankungen werden über einen diagnostischen Prozess ermittelt, an dessen Anfang eine Beratung in der hausärztlichen Sprechstunde steht. Hierbei wird, ausgehend von den geklagten Beschwerden, die krankheitsbezogene Vorgeschichte (Anamnese) erhoben. Der Erkrankte wird unter anderem befragt, ob bestimmte Lebensmittel seine Beschwerden auslösen oder verstärken. Ob bereits in der Kindheit manche Lebensmittel schlecht vertragen wurden. Wichtig sind auch die Modalitäten der Beschwerden, also wann und unter welchen Umständen sie auftreten, was sie verstärkt und was sie verringert.

Noch durch den Allgemeinmediziner wird eine körperliche Untersuchung, eine Ultraschalluntersuchung der Bauchorgane sowie eine laborchemische Diagnostik (Bluttests) eingeleitet. Zum Ausschluss einer chronischen Infektion werden Stuhlproben eingesandt. Abhängig von den Befunden folgen dann weitere Untersuchungen, für die oft fachärztliche Konsultationen nötig sind. Wegen der Häufigkeit ihres Auftretens stehen zunächst Tests auf Allergien und Unverträglichkeiten im Vordergrund.

Sind solche Ursachen ausgeschlossen, müssen entzündliche Darmerkrankungen, Verengungen des Darms und andere Erkrankungen, zum Beispiel Tumoren, ausgeschlossen werden. Dazu erfolgen Spiegelungen von Magen und Dickdarm (Endoskopie). Unter Umständen müssen radiologische Untersuchungen und weiterführende Labortests durchgeführt werden. Darmmikrobiom-Analysen können helfen, Ungleichgewichten in der Darmflora auf die Spur zu kommen, die dann durch eine Ernährungsumstellung behoben werden.

Führt alles das nicht zu einer belastbaren Diagnose oder lassen sich die Beschwerden nicht lindern, gibt es inzwischen spezielle Kliniken und Institute, in denen Betroffene sich weiter diagnostisch abklären lassen können, durch kontrollierte Ausschlussdiäten unter stationären Bedingungen weitere Ursachen ermitteln oder sehr seltene Erkrankungen abklären lassen können.

Hinzu kommt, dass bei Erkrankungen und Beschwerden im Bereich des Verdauungstrakts auch die mentale und seelische Verfassung, der Lebensstil der Betroffenen sowie äußere Einflüsse, zum Beispiel Stress, eine nicht unbeträchtliche Rolle spielen. Das gilt unabhängig davon, welche Diagnose im Endeffekt gestellt wird! Deshalb sollte bei der diagnostischen Abklärung schon zu Beginn eine zumindest kurze Evaluation der seelischen Begleitumstände durchgeführt werden und das Ergebnis beim weiteren Vorgehen Berücksichtigung finden. Nicht wenige vermeintliche Unverträglichkeiten lassen sich bereits durch Änderung der Lebensumstände deutlich lindern.

Das gilt umso mehr bei den Erkrankungen, auf deren Verlauf durch Änderung der Ernährungsgewohnheiten großen Einfluss genommen werden kann.

Sie sehen, dass aufgrund der Komplexität der Vorgänge im Magen-Darm-Trakt im Gegensatz zu vielen anderen Krankheiten die Diagnostik von Verdauungsbeschwerden aufwändig ist. Die Symptomkonstellation „Blähungen, Schmerzen, Krämpfe und Durchfall“ zieht eine Kaskade an Diagnostik nach sich, die nicht selten keine schnelle Diagnose erbringt und in nicht wenigen Fällen ohne eindeutige Befunde bleibt. Sie erfordert eine gewisse Beharrlichkeit durch uns Mediziner und ist nur durch interdisziplinäre Zusammenarbeit verschiedener Akteure gut zu bewerkstelligen. Sie fordert auch von

Betroffenen, nicht nur auf eine einfach zu klärende Ursache zu hoffen, die dann per Knopfdruck abstellbar ist.

Betroffene kommen deshalb oft in diagnostische Sackgassen, weil ihre betreuenden Ärzte die Abklärung nicht weiter vorantreiben, im schlimmsten Fall die Beschwerden nicht ernst nehmen und vorschnell auf die Psyche schieben. Oder weil die Umstände der heutigen medizinischen Versorgung mit monatelangen Wartezeiten auf Termine den Abklärungsprozess in die Länge ziehen.

Probleme entstehen auch, wenn Betroffene nicht bereit sind, im diagnostischen Prozess selbst aktiv zu werden und zum Beispiel Lebensumstände zu ändern, weil sie auf eine einfache technische Diagnosestellung und unkomplizierte Lösung durch ein Medikament oder einen Eingriff hoffen. Das führt zu Ärzte-Hopping, unnötiger Doppeldiagnostik und Verlängerung der Leidenszeit. Das ist aus meiner Sicht aufgrund der Menge an Betroffenen nicht hinnehmbar.

Selbst als Betroffener aktiv zu werden, ist aus meiner Sicht deshalb einer der wichtigsten Schritte des Abklärungs- und Behandlungsprozesses.

Diagnostisches Vorgehen

- Erhebung der Vorgeschichte
- Körperliche Untersuchung
- Laborchemische Diagnostik (Bluttests)
- Ultraschalluntersuchung
- Stuhlprobe
- Spiegelung von Magen
- Spiegelung von Dickdarm (Endoskopie)
- Darmmikrobiom-Analyse
- Eventuell Ausschlussdiät
- Evaluation der seelischen Begleitumstände

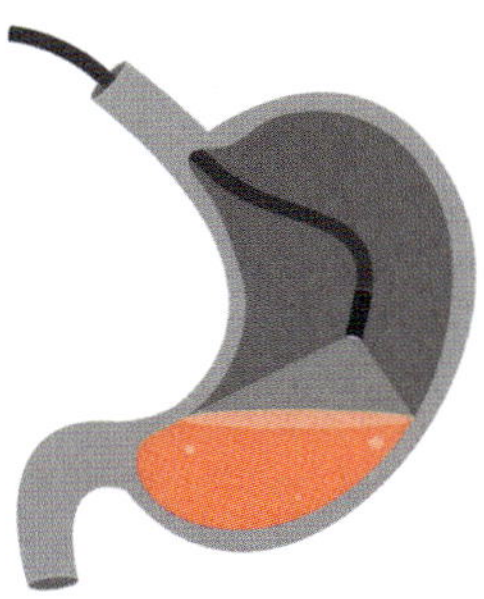

Selbst Brot backen als Teil der Lösung

Bei allen im Folgenden genannten Erkrankungen spielt die Ernährung mit Brot eine wichtige Rolle. Dabei gilt es, zweifelsfrei sicherzustellen, dass im Fall von Allergien, Zöliakie und Unverträglichkeiten die Auslöser nicht oder allenfalls in geringen Mengen in Ihrem Brot enthalten sind. Das Selbstbacken von Brot macht es auf Dauer einfacher, sich dessen zu versichern.

Sie wählen nämlich dabei die Zutaten selbst aus und müssen Wohl und Wehe nicht Ihrem Vertrauen auf die vollständige Deklaration der Brotbestandteile in der Bäckerei überlassen. Sie können Allergene gezielt weglassen oder durch Austauschprodukte ersetzen. Sie können Ihre Teige mit gesundheitsförderlichen Zutaten anreichern oder ergänzen und damit den Nutzen erhöhen. Und Sie können durch eine gute Fermentation der Brotteige dafür sorgen, dass sie noch bekömmlicher werden.

Durch Brot decken Menschen nach Untersuchungen durchschnittlich 30 Prozent der täglich aufgenommenen Kalorienmenge. Wenn Sie diesen Bedarf anstatt von industriell hergestelltem mit selbst gebackenem Brot decken, erreichen Sie eine qualitative Verbesserung Ihrer täglichen Ernährung, insbesondere wenn Sie, wie von mir empfohlen, auf qualitativ hochwertige Zutaten setzen und diese, wenn möglich, aus biologischem Anbau beziehen. Sie verringern dadurch die Aufnahme von Herbizid- und Pestizid-Rückständen, die in der konventionellen Landwirtschaft zum Einsatz kommen. Durch Selbstbacken ist auch zweifelsfrei sichergestellt, dass keine lebensmittelchemischen Zusatzstoffe in der Herstellung des Brotes zum Einsatz kommen.

Und wenn Sie mit den Rezepten dieses Buchs erreichen, dass sich Ihre Brote durch erhöhten Ballaststoffgehalt, erhöhten Eiweißgehalt und besondere Nährstoffe positiv auf Ihr Gewicht oder Ihren Zuckerstoffwechsel auswirken, haben Sie das Heft selbst in die Hand genommen. Sich nicht allein auf Therapeuten oder Medikamente zu verlassen, sondern selbst aktiv zu werden und damit Ziele zu erreichen, ist das A und O einer nachhaltigen Behandlung.

Brotbacken als Hobby ist nicht zuletzt auch gut für die Seele und die mentale Stabilität. Es entschleunigt, baut inneren Stress ab und lenkt Sie von Sorgen oder kreisenden Gedanken ab. Das kann ich aus eigener Erfahrung und aus Berichten vieler Menschen bestätigen, die diese Freizeitbeschäftigung aufgenommen haben.

Das ist in letzter Konsequenz wiederum gut im Fall von chronischen Krankheiten wie der Zuckerkrankheit und des Übergewichts. Viele der Erkrankten zählen zu den Frustessern. Sie fressen sprichwörtlich ihren Stress in sich hinein und belohnen sich parallel mit zu viel oder ungesunder Nahrung. Dadurch verschlechtert sich ihr Gesundheitszustand, was zu zusätzlichen Belastungen und größerem Stress führt. Wenn es gelingt, diesen Teufelskreis zu durchbrechen, sind die Voraussetzungen für eine Gesundung deutlich gestiegen.

Ich gehe nun im Einzelnen auf die Erkrankungen ein, die nach meiner Erfahrung die wichtigsten Rollen bei der Entstehung der durch Brot ausgelösten Beschwerden spielen. Danach werden auch jene Erkrankungen besprochen, bei deren Behandlung der Brotkonsum eine Rolle spielt.

Bei Laktose-, Fruktose- und Sorbit-Intoleranz

Ursache von Zuckerstoff-Intoleranzen gegen Laktose, Fruktose und Sorbit ist eine mangelnde Verwertung dieser Stoffe im Dünndarm. Im Fall der Laktose (Milchzucker) liegt das an einem Mangel des Enzyms Laktase, der in Europa 5 bis 15 Prozent der Bevölkerung betrifft, in Afrika und Asien auf bis zu 60 bis 90 Prozent ansteigt, also sehr häufig ist. Bei Fruktose (Fruchtzucker) und Sorbit, einem Zuckeraustauschstoff in verarbeiteten Lebensmitteln sowie natürlich in manchen Obstsorten vorkommend, sind andere Störungen für ihren mangelnden Abbau im Dünndarm verantwortlich.

Dadurch gelangen sie in vermehrter Menge in den Dickdarm, wo die dort lebenden Mikroorganismen sie als Nährstoff verarbeiten. Dabei produzieren sie neben anderen Stoffwechselprodukten auch Gase wie Kohlendioxid und Methan. Das führt zu Blähungen, gegebenenfalls auch zu Durchfällen und Bauchschmerzen.

Die mangelnde Verwertung der Zuckerstoffe im Dünndarm lässt sich diagnostisch relativ einfach durch sogenannte H_2-(Wasserstoff-) Atemteste nachweisen. Betroffene trinken eine standardisierte Zuckerstofflösung, zum Beispiel mit Laktose. Nach etwa 1 bis 2 Stunden erreicht die Lösung den Dickdarm, wo sie von den Dickdarmbakterien verstoffwechselt wird. Hierbei entsteht Wasserstoff, der über die Ausatemluft messbar ist. Die Messung erfolgt über ein kleines Gerät, in das die Betroffenen nach der angegebenen Zeit kräftig und tief ausatmen. Die Menge des ausgeatmeten Wasserstoffs korreliert gut mit der mangelnden Verwertung der Zuckerstoffe im Dünndarm, sodass die Erkrankung auf diese Weise recht sicher diagnostizierbar ist, insbesondere wenn die Patienten unter der Untersuchung auch Symptome bekommen.

Wie bei allen Unverträglichkeiten und Intoleranzen ist es nur in wenigen Ausnahmen therapeutisch erforderlich, vollständig und eisern auf jegliche Aufnahme des Auslösers zu verzichten. Es reicht in den meisten Fällen, die Menge in der Kost deutlich zu reduzieren. Das führt häufig schon zu einem Verschwinden der Symptome und ermöglicht eine fast normale Ernährung. Die Verringerung dieser Stoffe in der Nahrung bessert die Beschwerden, da auf diese Weise weniger Zuckerstoffe in den Dickdarm gelangen und die dortige Darmflora wieder geringere Gärungsprozesse vollzieht.

Beim Brotbacken heißt das, auf die Verwendung von Zutaten zu verzichten, die diese Stoffe enthalten. Milchprodukte können Sie beispielsweise durch entsprechende pflanzliche Alternativen ersetzen. Fruchtzucker spielt in Brotteigen normalerweise kaum eine Rolle, außer es werden den Teigen Früchte oder Fruchtsäfte zugefügt. Sorbitol vermeiden Sie am sichersten, indem Sie Ihr Brot selbst backen und auf industriell hergestellte Brote und Kuchen verzichten. In der industriellen Produktion, aber auch in der Handwerksbäckerei wird Sorbit den Brotteigen als Feuchthaltemittel zugesetzt und muss bei Letzteren sogar nicht mal deklariert werden, wenn die Brote nicht fest verpackt sind.

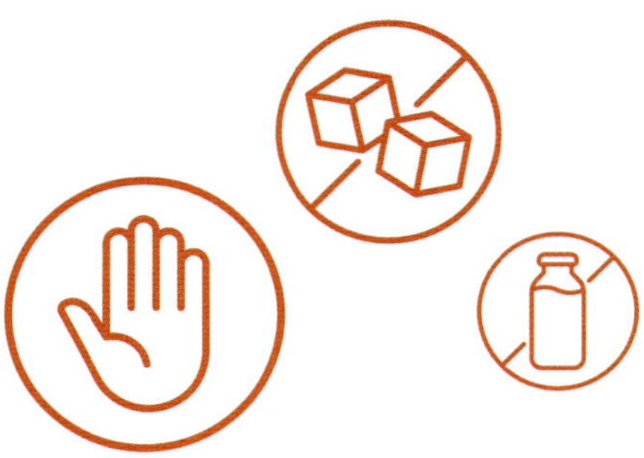

Bei Histamin-Intoleranz

Auch bei der Histamin-Intoleranz liegt eine Störung des Abbaus eines Nahrungsbestandteils im Darm vor. Histamin ist ein in der Natur weit verbreiteter Botenstoff, der im menschlichen Körper vor allem bei Immunreaktionen sowie bei allergischen Reaktionen eine Rolle spielt.

In der Nahrung kommt Histamin in allen Lebensmitteln vermehrt vor, die einen Reifeprozess (Fermentation) durchlaufen haben, bei dem Bakterien oder Pilze (Hefen) zum Einsatz kamen. Das sind alle lange gereiften Wurst- und Käsesorten, Alkoholika wie Rotwein oder Bier. Aber auch manche frischen, nicht fermentierten Gemüsesorten wie Tomaten, Erdbeeren und Avocados enthalten signifikante Mengen Histamin.

Menschen mit Histamin-Intoleranz haben viele Symptome, die auch von allergischen Reaktionen bekannt sind. Sie wird deshalb auch als Pseudoallergie bezeichnet. Die wichtigsten Symptome sind Nesselsucht (juckende Hautausschläge) und Hautrötungen, Kopfschmerzen und Migräne, Bauchbeschwerden wie Blähungen, Schmerzen, Durchfall und Beschwerden der oberen Atemwege. Aber auch weniger offensichtliche Symptome wie Erschöpfungssymptome, Schlafstörungen und depressive Verstimmungen können von einer Histamin-Intoleranz herrühren.

Die Histamin-Intoleranz ist technisch nicht hinreichend sicher diagnostizierbar, da kein ausreichend valides Verfahren hierfür existiert. Für den Abbau im Körper ist vor allem das Enzym Diaminoxidase (DAO) zuständig. Eine Abhilfe besteht darin, nach Messung von Histamin- und Diaminoxidasespiegeln im Blut eine Ausschlussdiät durchzuführen, also ein bis zwei Wochen eine möglichst histaminarme Kost einzuhalten. Fallen bei der danach durchgeführten Laborkontrolle die Spiegel von Histamin deutlich ab und steigen gleichzeitig die Spiegel der DAO, gilt eine Histamin-Intoleranz als sehr wahrscheinlich. Insbesondere dann, wenn die Betroffenen während der Ausschlussdiät eine deutliche Beschwerdebesserung erlebt haben.

Brot zählt bei üblicher Herstellung durch den Reifeprozess des Teigs leider auch zu den Lebensmitteln, die bei Histamin-Intoleranz schlecht vertragen werden. Insbesondere jenes Brot aus lange gereiften Teigen, vorzugsweise mit Sauerteigen, das in den letzten Jahren wieder populärer wird, ist für Betroffene ein Problem.

Wer sicherstellen will, dass im Brot möglichst wenig Histamin entsteht, sollte Rezepte wählen, bei denen auf jegliches Triebmittel verzichtet wird – zum Beispiel dünne Fladenbrote wie Tortilla oder Naan oder Rezepte, deren Teige mithilfe chemischer Backtriebmittel wie Backpulver oder Natron aufgehen. So ist sichergestellt, dass Fermentationsprozesse auf ein Minimum begrenzt sind.

Bei der Histamin-Intoleranz muss keine vollständig histaminfreie Ernährung eingehalten werden, was auch nahezu unmöglich wäre. Es reicht, die aufgenommenen Mengen so zu reduzieren, dass keine oder kaum noch Symptome auftreten. Für die prophylaktische Einnahme von Diaminoxidase (DAOSIN) und naturheilkundlichen Präparaten zur Symptomlinderung vor Mahlzeiten existiert kein sicherer wissenschaftlicher Wirkungsnachweis. Nach meiner klinischen Erfahrung helfen sie allerdings vielen Menschen, zumindest gelegentlich auch mal fermentierte Lebensmittel verzehren zu können.

Bei Reizdarmsyndrom

Das Reizdarmsyndrom ist durch eine erhöhte Schmerzempfindlichkeit des Brauchraums und von Verdauungsbeschwerden gekennzeichnet. Unterschieden wird zwischen dem Reizdarmsyndrom Typ 1, bei dem Durchfälle im Vordergrund stehen, und dem Reizdarmsyndrom Typ 2, bei dem es eher zu Verstopfung kommt. Ähnlich der Nicht-Zöliakie-Weizensensitivität kann die Reizdarmsyndrom-Diagnose erst gestellt werden, wenn andere Erkrankungen wie eine Intoleranz, eine Allergie oder eine Zöliakie ausgeschlossen wurden.

Da kein alleiniger Auslöser bekannt ist und deshalb keine Labortests existieren, werden mehrere anhand von Ausschlussdiäten ermittelten Stoffe diskutiert. Hierbei stehen aktuell die auch in Brotteigen vorkommenden fermentierbaren Mehrfachzuckerstoffe (FODMAPs) im Fokus. FODMAPs finden sich in größerer Menge auch in vielen Obstsorten, Milchprodukten, Gemüsen wie Artischocke, Aubergine oder Blumenkohl, in Fruchtsäften und Alkoholika wie lieblichem Wein oder Bier.

Eine FODMAP-arme Diät hilft vielen Betroffenen, insbesondere die Durchfallbeschwerden und Blähungen zu verringern. Hierzu wird eine ausführliche Ernährungsberatung durchgeführt und Betroffene werden aufgeklärt, welche Lebensmittel besonders reich an FODMAPs sind. Im Fall von Verstopfungen können zudem abführende Mittel wie Flohsamenschalen und Ballaststoffe lindernd wirken.

Der FODMAP-Gehalt von Brotteigen wird durch eine ausreichend lange Teigfermentation reduziert. Das ist ein starkes Argument für die traditionelle Backkunst mit ausreichend lange gereiften Teigen. Da es viele Patienten mit Reizdarmsyndrom gibt, kann ich aus Erfahrung berichten, dass die Betroffenen selbst gebackenes Brot wesentlich besser vertragen als gekauftes Brot. Das liegt daran, dass die Teige gekaufter Brote oft aus wirtschaftlichen Gründen kürzer reifen.

Beim Reizdarmsyndrom liegen gesichert auch psychische Einflussfaktoren vor, die die Erkrankung verstärken oder modulieren. Diskutiert wird in den letzten Jahren eine sogenannte psychische Sensitivierung. Das bedeutet, dass ein wiederholt empfundener Reiz, wie in diesem Fall der Bauchschmerz, mit der Zeit als immer stärker empfunden wird. Daher kann auch eine psychotherapeutische Behandlung eine Rolle in der Therapie des Reizdarmsyndroms spielen. Das muss individuell mit den Betroffenen besprochen werden.

Bei Hefe-Intoleranz

Beim Brotbacken kommen unweigerlich auch Hefen zum Einsatz, sei es als Backhefe oder als Wildhefe im Triebmittel Sauerteig, wobei je nach Triebkraft des Sauerteigs auf die Zugabe von Hefe verzichtet werden kann. Manche Menschen leiden an sogenannten Hefe-Intoleranzen. Auch hierbei ist es ähnlich wie bei Weizen- oder Glutenintoleranz: Es gibt weit mehr Menschen, die glauben, dass sie keine Hefe vertragen, als Menschen, die wirklich nachweislich auf Eiweiße aus der Hefe reagieren. Beweisen kann das nur ein ordnungsgemäß durchgeführter Allergietest. Nur letzteren Menschen empfehle ich analog zur Histamin-Intoleranz, auf Brote zu verzichten, die Triebmittel wie Backhefe oder Sauerteig enthalten.

Bei Allergien (z. B. Getreide, Nuss, Ei, Milcheiweiß)

Nahrungsmittelallergien beruhen auf einer Überreaktion des Immunsystems in der Darmwand auf Nahrungsbestandteile, zum Beispiel Eiweiße aus dem Weizen, Roggen oder Hafer, Nüssen oder Ei und Milcheiweiße. Warum genau es zu diesen Überreaktionen kommt, ist noch nicht bekannt.

Durch die Immunreaktion kommt es zu Entzündungen in der Darmwand, die die Verdauungsfunktion akut beeinträchtigen und zu Übelkeit, Erbrechen, Schmerzen und Durchfällen führen können. Es kann aber auch zu Fernsymptomen kommen. Hierzu zählen juckende Hautausschläge, Schwellungen der Schleimhaut im Nase-Rachen-Raum und Hals sowie der Atemwege (Asthma). Der Extremfall einer allergischen Reaktion ist der anaphylaktische Schock – eine Art Kreislaufkollaps mit potenziell tödlichen Folgen, der allerdings sehr selten auftritt. Die Sorge hiervor begründet dennoch bei vielen Allergikern das sehr gewissenhafte Vermeidungsverhalten.

Diagnostisch steht zunächst die Führung eines Ernährungstagebuchs im Vordergrund. Darin dokumentieren Betroffene ihre Nahrungsmittel und Beschwerden. Über einen gewissen Zeitraum kristallisieren sich Verdachtsdiagnosen heraus, die dann durch gezielte Ausschlussdiät und spätere Reexposition näher eingegrenzt werden können. Dieser für Betroffene aufwändige Prozess wird heute oft zur Zeitersparnis durch Laboruntersuchungen auf spezifisches Immunglobulin E abgekürzt oder ganz umgangen, obwohl Labortestungen allein weder beweisend noch ausschließend für eine Allergie sind.

Allergien unterscheiden sich von Nahrungsintoleranzen darin, dass auch geringe Mengen des auslösenden Allergens reichen können, um stärkere Reaktionen auszulösen. Daher ist bei Allergien eine gewissenhafte Vermeidung zunächst die wichtigste Maßnahme, um Reaktionen zu vermeiden. Wenn bei Ihnen eine spezifische Getreideallergie oder eine Allergie gegen andere Lebensmittel festgestellt wurde, dann können Sie nur durch das Selbstbacken Ihres Brotes zweifelsfrei sicherstellen, dass das Allergen keine Verwendung findet.

Bei gekauftem Brot ist das nicht immer auf Anhieb ersichtlich und auch Bäckereifachverkäuferinnen und -verkäufer wissen die Zutaten nicht bei jeder Sorte auswendig. In der modernen Bäckerei werden Zutaten wie Milchpulver oder Ei und Eibestandteile auch in Rezepten eingesetzt, bei denen es Unkundige nicht unbedingt erwarten.

Therapeutisch besteht die Möglichkeit, sich bei Vorliegen nicht allzu vieler Allergien einer Hyposensibilisierung zu unterziehen. Hierbei wird über einen langen Zeitraum der Körper wieder langsam an das Allergen gewöhnt, um das Ausmaß der Reaktion zu verringern oder gar ganz zu verhindern. Im Akutfall helfen Medikamente wie Antihistaminika, eine Reaktion zu lindern.

Bei Zöliakie

Bei der Zöliakie liegt eine allergieähnliche Reaktion des Immunsystems auf ein in vielen Brotgetreiden vorkommendes Eiweiß vor, das Gluten. Gluten wird auch als Klebereiweiß bezeichnet, weil es durch Verkettung während des Knetens im Teig eine Art Gerüst bildet, das dem Teig Stand gibt, damit sich Brote in die gewünschte Form bringen lassen und diese beim Reifen und Backen auch behalten.

Im Gegensatz zur Allergie werden bei der Zöliakie nicht nur Antikörper gegen das Allergen gebildet, sondern auch gegen körpereigene Zellen der Darmschleimhaut. Daher zählt die Zöliakie zu den Autoimmunerkrankungen. Das Darmimmunsystem reagiert auf überschießende Weise schon auf geringe Mengen dieses Eiweißes in der Nahrung und löst nebenbei eine Immunreaktion aus, die sich gegen die Darmschleimhautzellen richtet. Infolge der entzündlichen Reaktion kommt es zu einer schrittweisen Zerstörung der Dünndarmzotten und damit zu einer immer schlechteren Nahrungsverwertung. Das erklärt die klassischen Symptome einer Zöliakie, nämlich die großvolumigen übelriechenden Stuhlgänge und die Entwicklungsstörung bei Kleinkindern und Jugendlichen.

Die Zöliakie betrifft nicht weniger als 0,5 bis 1 Prozent der Bevölkerung und diese Zahl scheint seit den 1950er-Jahren zuzunehmen. Da die Erkrankung in unterschiedlich starken Ausprägungen auftritt, wird nicht jeder Betroffene diagnostiziert. Schwerere Krankheitsfälle sind schon in der frühen Kindheit symptomatisch, sobald die Muttermilch durch glutenhaltige Breikost ergänzt oder ersetzt wird. Gluten findet sich in Weizen, Dinkel, Roggen, Gerste und auch in den Urgetreiden Emmer und Einkorn. Selbst Hafer kann geringe Mengen Gluten enthalten. Vollständig glutenfrei sind nur Mais, Reis und die Pseudogetreide Buchweizen, Amaranth und Quinoa.

Bei weniger schwerem Erkrankungsausmaß kann die Zöliakie auch bis ins Erwachsenenalter hinein unerkannt bleiben, da für die Beschwerden der Betroffenen andere Ursachen verantwortlich gemacht werden. Eine Zöliakie lässt sich inzwischen sehr einfach mithilfe eines Labortests auf die sogenannten Transglutaminase-Antikörper nachweisen. Aufgrund der potenziell hohen Zahl der Betroffenen sollte dieser Labortest schon früh in der Diagnostik erfolgen. Besteht aufgrund des Labortests der Verdacht auf eine Zöliakie, muss eine Spiegelung des Zwölffingerdarms durchgeführt werden. Probenentnahmen aus der Schleimhaut, die eine Schädigung der Darmzotten zeigen, beweisen die Erkrankung.

Ist eine Zöliakie nachgewiesen, muss konsequent auf glutenhaltiges Getreide und Nahrungsmittel, denen Gluten zugesetzt wurde, verzichtet werden. Das ist inzwischen deutlich leichter möglich als noch vor 20 Jahren, da auch die Nahrungsmittelindustrie entsprechende Produkte in großer Variabilität herstellt und über Supermärkte vertreibt. Auch existieren inzwischen sehr gute Back- und Kochbücher, die Betroffenen ermöglichen, sich ihre Nahrungsmittel selbst herzustellen. In diesem Buch finden Sie drei vollständig glutenfreie Brotrezepte.

Hoffnung machen seit 2021 laufende Medikamentenstudien, die einen von der Uniklinik Mainz entwickelten Wirkstoff testen. Unter Einnahme des Wirkstoffs konnten Zöliakiekranke wieder geringe Mengen Gluten verzehren, ohne dass es zu Reaktionen der Darmschleimhaut kam. Ob und wann dieses Medikament allerdings allgemein zugelassen wird, ist noch nicht vorhersagbar.

Bei Nicht-Zöliakie-Weizensensitivität

Der Begriff der Nicht-Zöliakie-Weizensensitivität ist erst in den vergangenen Jahren geprägt worden. Er bezeichnet ein Krankheitsbild, bei dem Betroffene nach dem Verzehr von Weizenprodukten ähnliche Symptome einer Zöliakie oder eines Reizdarmsyndroms entwickeln, bei denen aber weder Antikörper gegen die Transglutaminase noch ähnlich schwere Veränderungen der Darmschleimhaut nachweisbar sind.

Als Auslöser werden derzeit vor allem Eiweißbestandteile glutenhaltiger Getreide vermutet. Unter anderem sogenannte Amylase-Trypsin-Inhibitoren (ATI) scheinen ähnlich wie Gluten zu einer krankhaften Aktivierung des Darmimmunsystems zu führen, die dann die Beschwerden auslöst. Überschneidungen dieser Erkrankung mit dem Reizdarmsyndrom werden immer wieder diskutiert.

Ein spezifischer Labortest existiert für die Erkrankung nicht. Sie lässt sich außerhalb klinischer Studien derzeit nur als sogenannte Ausschlussdiagnose feststellen. Das bedeutet, dass die Diagnose erst gestellt wird, wenn andere Ursachen ausgeschlossen werden konnten. Betroffenen hilft, ähnlich wie bei Intoleranzen, eine deutliche Reduktion des Konsums glutenhaltiger Getreide, vor allem des Weizens. Ein völliger Verzicht ist aber nicht erforderlich.

In Bezug auf die Brotherstellung hat sich in Studien gezeigt, dass neben einer Verringerung glutenhaltigen Getreides in der Herstellung auch eine gute Fermentation des Teiges, vor allem mit Sauerteigen, den Gehalt an ATI verringern kann und damit die Beschwerden bessert.

Das Buchweizenbrot (siehe Seite 119) und das Vielsaatenbrot (siehe Seite 120) aus diesem Buch sind bei Zöliakie und Weizensensitivität gut verträglich.

Bei Zuckerkrankheit (Diabetes mellitus)

Die Zuckerkrankheit ist eine in den vergangenen Jahrzehnten deutlich zunehmende Erkrankung, die auf einer Störung des Zuckerstoffwechsels aufgrund verschiedener Ursachen beruht. Menschen mit Zuckerkrankheit haben gegenüber Gesunden im nüchternen Zustand und vor allem nach den Mahlzeiten deutlich höhere Blutzuckerspiegel, die sich auf Dauer schädlich auf den Körper auswirken können.

Nach der Leitlinie der Deutschen Gesellschaft für Diabetologie von 2009 wird grundsätzlich zwischen einer autoimmunen Form der Erkrankung (Diabetes mellitus Typ 1 oder insulinbedürftiger Diabetes mellitus) und einer auf anderen Ursachen beruhenden Form der Erkrankung (Diabetes mellitus Typ 2 oder nicht-insulinbedürftiger Diabetes mellitus) unterschieden. Misch- und Sonderformen existieren und es ist zu beobachten, dass Menschen immer jünger auch an Typ-2-Diabetes erkranken. Neuere Erkenntnisse führen derzeit zu einer Überarbeitung der Klassifikation.

Nimmt der Körper mit der Nahrung Stärke oder Zucker auf, wird dieser im Darm abgebaut und in die Blutbahn aufgenommen. Der Blutzuckerspiegel steigt an. Zucker ist der wichtigste Energielieferant aller Körperzellen. Wie schnell und wie stark der Blutzuckerspiegel ansteigt, hängt im Wesentlichen davon ab, wie einfach es der Körper hat, den Zucker zu verdauen. Raffinierter Zucker aus gesüßten Speisen oder Getränken ist sofort für den Körper verfügbar und wird sehr rasch aufgenommen. Zucker, der erst durch Verdauungsvorgänge wie die Spaltung der Stärke entsteht, lässt den Blutzuckerspiegel langsamer ansteigen. Gelingt es zudem, den Verdauungsprozess durch Ballaststoffe zu verlangsamen, dann führt das zu einem noch langsameren Anstieg des Zuckerspiegels.

Durch die Bauchspeicheldrüse wird bei ansteigendem Blutzuckerspiegel ein Hormon (Insulin) produziert, das die Aufgabe hat, den Blutzucker aus der Blutbahn in die Körperzellen einzuschleusen. Sie können sich das Insulin wie einen Schlüssel vorstellen, der die Türen der Körperzellen für den Zucker öffnet. Bei normal funktionierender Bauchspeicheldrüse ist der Insulingehalt im Blut also abhängig vom Blutzuckerspiegel.

Diabetes wird diagnostiziert, indem der Blutzuckerspiegel sowie der sogenannte Langzeit-Blutzuckerspiegel (HbA1c) durch eine Blutabnahme im nüchternen Zustand bestimmt werden. Verfahren wie der orale Glukosetoleranztest ergänzen diese Laboruntersuchung. Wird ein erhöhter Blutzuckerspiegel festgestellt und können andere Ursachen ausgeschlossen werden, liegt ein Diabetes mellitus vor. Weiterführende Laboruntersuchungen müssen dann erfolgen, um die Erkrankung weiter zu klassifizieren, da hiervon die Behandlung abhängt.

Beim Typ-1-Diabetes liegt eine krankhafte Reaktion des Immunsystems (Autoimmunerkrankung) vor, die sich gegen die Inselzellen in der Bauchspeicheldrüse richtet, die das Insulin produzieren. Als Auslöser werden genetische Voraussetzungen und Umweltfaktoren, zum Beispiel bestimmte Virusinfektionen, diskutiert. Betroffene haben das Problem, dass sich bei ansteigenden Blutzuckerspiegeln der Insulinspiegel im Blut nicht ausreichend erhöht. Sie sind praktisch immer auf eine Gabe des nötigen Insulins mithilfe von Spritzen oder Pumpen angewiesen und müssen Menge und Art ihrer Nahrungsaufnahme darauf abstimmen.

Anders verhält es sich beim Typ-2-Diabetes. Hierbei kommt es zu einer fehlenden Wirkung des Insulins an den Körperzellen. Der Zucker wird nur noch unzureichend in die Zellen

Diabetes mellitus Typ 1 und Typ 2 auf einen Blick

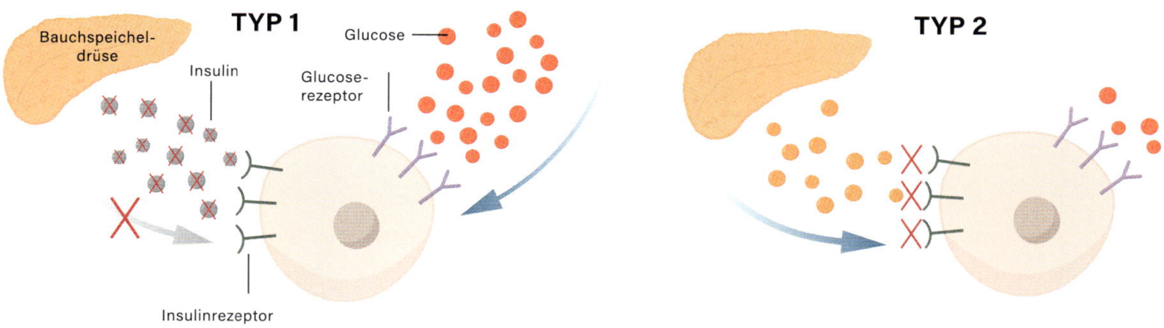

eingeschleust und der Blutzuckerspiegel erhöht sich über das Normalmaß hinaus. Das wird als Insulinresistenz bezeichnet. Ursachen dafür sind neben Übergewicht und Ernährungsfehlern vor allem genetische Faktoren. Die Erkrankung bricht dann aus, wenn die Bauchspeicheldrüse die hohen Blutzuckerspiegel nicht mehr selbst durch vermehrte Insulinausschüttung ausgleichen kann. Menschen mit Typ-2-Diabetes haben also gegenüber jenen mit Typ-1-Diabetes praktisch immer erhöhte Insulinspiegel im Blut.

Bei Typ-2-Diabetes ist der Lebens- und Ernährungsstil die wichtigste Ursache und auch der wichtigste Hebel, mit dem auf den Erkrankungsverlauf Einfluss genommen werden kann. Insbesondere eine Verringerung des meist vorliegenden Übergewichts ist bei fast allen Betroffenen viel effektiver als medikamentöse Maßnahmen. Nicht selten beobachte ich bei Menschen, die ihr Gewicht deutlich reduzieren und das auch auf Jahre hin durchhalten, eine weitgehende Normalisierung der Blutzucker-Langzeitwerte. Medikamentöse Maßnahmen werden vor allem in jenen Fällen notwendig, in denen es den Betroffenen trotz ihrer Bemühungen nicht gelingt, den Lebensstil durchgreifend zu ändern, oder bei denen die Erkrankung schon zu weit fortgeschritten ist.

Brotgenuss bei Diabetes mellitus

Beim Brot und Brotgenuss ist bei Diabetes mellitus klar, dass Brot als wichtiger Lieferant von Stärke und damit Zucker einen Einfluss auf die Erkrankung hat. Wer dem Körper durch Genuss großer Mengen Brot den ganzen Tag über Zucker zuführt, wird erhöhte und schädliche Blutzuckerspiegel nicht vermeiden können. Auf der anderen Seite benötigt jeder Organismus Zucker, um sich selbst mit Energie zu versorgen. Die Lösung dieses Dilemmas besteht darin, einerseits beim Brotkonsum Maß zu halten und auf zusätzlichen leicht verfügbaren Zucker (Kuchen, Süßigkeiten, Süßgetränke) weitgehend zu verzichten. Andererseits sollte durch die Auswahl der Brotsorte und der Brotzutaten dafür gesorgt werden, dass die Blutzuckerspiegel nach der Mahlzeit nicht zu schnell ansteigen.

Ich rate Patienten mit Diabetes mellitus deshalb dazu, möglichst nur eine sättigende Brotmahlzeit am Tag zu verzehren, um den Stärkebedarf des Körpers zu decken. Am günstigsten ist es, diese Brotmahlzeit morgens einzunehmen. Dabei ist es optimal, wenn das Brot einen signifikanten Anteil an Vollkornmehl enthält oder sogar vollständig aus Vollkornmehl besteht. Vollkornbrot wird aufgrund des höheren Ballaststoffgehalts vom Körper etwas langsamer verdaut als Brot aus Weißmehlen.

Die Getreidesorte ist hierbei nahezu gleichgültig. Es gibt zwar Hinweise, dass Roggenvollkornbrot von allen Getreidesorten den langsamsten Blutzuckeranstieg hervorruft. Inwieweit das aber wirklich messbare Auswirkungen auf den langjährigen Erkrankungsverlauf hat, ist nicht bekannt, zumal der Mensch sprichwörtlich nicht vom Brot allein lebt. Brot oder Brötchen aus Weißmehl dürfen zwischendurch auch mal auf dem Speiseplan stehen, sollten aber im Interesse einer guten Steuerung der Blutzuckerspiegel die Ausnahme bleiben.

Sauerteigbrot hat gegenüber Hefebrot den Vorteil eines niedrigeren glykämischen Index. Das bedeutet, dass Sauerteigbrot den Blutzuckerspiegel langsamer ansteigen lässt als Hefebrot. Das liegt daran, dass während der Teigreifung Sauerteigmikroorganismen den Teig gründlicher fermentieren, als es Hefen allein können. Zudem werden die den Blutzuckerspiegel regulierenden Beta-Glucane im Teig durch das Vorhandensein von Säure vor dem Abbau beim Backen des Brotes geschützt. Sie stehen in größerer Menge im gebackenen Brot zur Verfügung und können nach dem Verzehr ihre Wirkung entfalten.

Wenn Sie Ihr Brot selbst backen, können Sie auch Rezepte verwenden, bei denen ein Teil des Getreidemehls durch Mehle aus Hülsenfrüchten (Leguminosen) ersetzt wird. Bohnenmehl oder Mehle aus anderen Hülsenfrüchten erhöhen den Eiweißgehalt der Brote und verringern gleichzeitig die Kohlenhydratmenge pro aufgenommener Scheibe Brot. Der Blutzuckerspiegel steigt nach der Mahlzeit langsamer an und erreicht eine geringere Höhe. Solche Brote halten zudem länger satt und senken das Bedürfnis nach Snacks und Zwischenmahlzeiten.

Alternativ können Sie Hülsenfrüchte auch als Schrot-Quellstück oder püriert zum Teig geben. Sie werten damit Ihr tägliches Brot mit nützlichen Vitaminen, Mineralien und Spurenelementen auf, die in reinem Getreidebrot in geringerer Menge enthalten wären. In diesem Buch finden Sie deshalb einige Brotrezepte, bei denen Hülsenfrüchte in verschiedener Form in den Teigen zur Anwendung kommen.

Bei weiteren Mahlzeiten sollte dann der Anteil an Zutaten und Beilagen, die Stärke enthalten, gering gehalten werden, sodass durch sie kein allzu großer Beitrag mehr zu hohen Blutzuckerspiegeln geleistet wird. Zwischenmahlzeiten halte ich für nicht sinnvoll. Im Gegenteil scheint es sich auf den Gewichtsverlauf und die Blutzuckerspiegel sehr günstig auszuwirken, eine Mahlzeit zu streichen, zum Beispiel das Abendessen. Dadurch gewöhnt sich der Körper wieder daran, hungrig zu sein. Die Blutzuckerspiegel fallen ab, ebenso die Insulinspiegel und es wird begonnen, Fettreserven abzubauen. Wird dieses Vorgehen langfristig durchgehalten, gelingt es auch durch den Gewichtsverlust, die Insulinresistenz wieder auf ein fast normales Maß zu reduzieren und Folgeschäden zu vermeiden.

Generell empfehle ich Diabetikern einen kleinen, aber wirksamen Trick: einmal täglich einen kurzen Spaziergang von etwa 30 Minuten Dauer machen oder einer anderen körperlichen Aktivität nachgehen. Das hilft, den Anstieg des Blutzuckerspiegels noch weiter zu bremsen.

Heute gängigen Ratschlägen, die Ernährung für längere Zeit oder gar dauerhaft weitgehend von Kohlenhydraten zu befreien (Low-Carb-Ernährung) stehe ich skeptisch gegenüber. Verbotssituationen tragen seit jeher den Reiz der Zuwiderhandlung in sich. Unser Gehirn braucht konstant und viel Energie in Form von Zucker. Dieses Grundbedürfnis ist tief in unserem Unterbewusstsein verankert und es bedarf einer konstanten Willensanstrengung, diesem nicht nachzukommen. Deshalb ist es auf Dauer erfolgversprechender, diesem Bedürfnis zumindest einmal täglich stattzugeben.

Bei Übergewicht

Das krankhafte Übergewicht zählt zu den inzwischen am weitesten verbreiteten Erkrankungen in der westlichen Welt und es nimmt auch in vielen anderen Ländern der Welt rasch zu. Ein Überangebot an sehr kalorienreicher Nahrung (hochverarbeitete Lebensmittel und Junkfood), zu häufiges Essen in Verbindung mit zu wenig körperlicher Aktivität führen dazu, dass der Körper die ungenutzten Nährstoffe in Form von Körperfett speichert. Daneben spielen auch gesellschaftliche Gründe wie zum Beispiel die heute übliche stressbehaftete Lebensführung und ungesunde Arbeitsbedingungen, genetische Ursachen und psychische Faktoren eine wichtige Rolle. Deshalb ist auch das Übergewicht als Erkrankung für den Mediziner kompliziert, weil eine sehr individuelle Betrachtung und Beratung der Betroffenen vonnöten sind.

Die Behandlung des krankhaften Übergewichts muss alle vorgenannten ursächlichen Faktoren berücksichtigen. Sonst ist ihr langfristiges Scheitern schon vorprogrammiert.

Die natürliche Speicherung von zugeführter Energie in Form von Körperfett ist evolutionsbiologisch gesehen ein äußerst sinnvoller Vorgang. Zum einen stellt es sicher, dass auch mal Mahlzeiten ausfallen können und dennoch Energie bereitsteht. Zum anderen stellt Körperfett auch eine Art Isolation des Körpers gegen Temperatureinflüsse und ein Polster für das Körperinnere bei Verletzungen dar. Eine weitere Funktion des Fettgewebes, die nur wenigen bekannt ist, ist die Hormonproduktion. Diese Hormone steuern zum Beispiel das Hungergefühl und die Wirkung eines anderen wichtigen Hormons, das bei der Zuckerkrankheit eine Rolle spielt, des Insulins. Hier besteht auch ein Zusammenhang in der Assoziation von Übergewicht und Zuckerkrankheit.

Nimmt jedoch die Menge des gespeicherten Körperfetts überhand, steigt das Risiko anderer Erkrankungen deutlich an. So haben übergewichtige Menschen ein deutlich erhöhtes Risiko, im Laufe des Lebens an einer Zuckerkrankheit zu erkranken. Zudem lagert sich Fett auch vermehrt in Organen wie der Leber ein, wo es Schäden verursachen kann. Die Wahrscheinlichkeit von Herz-Kreislauf-Erkrankungen wie Bluthochdruck, Herzinfarkt und Schlaganfall steigt und es ist auch ein Zusammenhang mit der Häufigkeit einiger Krebserkrankungen nachgewiesen. Nicht zuletzt leiden viele langjährig Übergewichtige an verstärktem Verschleiß der Gelenke, vor allem der Wirbelsäule, der Hüft-, Knie- und Sprunggelenke, was ihnen die Reduktion des Gewichts dann zusätzlich erschwert.

Zur Diagnosestellung und Klassifizierung der Erkrankung wird der sogenannte Body-Mass-Index (BMI) errechnet. Dabei wird das Gewicht in Bezug zur Körpergröße gesetzt. Da der BMI weder das biologische Geschlecht noch die individuelle Körperstatur des Betroffenen berücksichtigt, gilt er allgemein nur als grober Anhalt. Als krankhaft übergewichtig gelten Menschen mit BMI-Werten über 30 kg/m^2. Andere Klassifikationen wie der Bauchumfang an der Taille spielen bei der Betrachtung des Erkrankungsrisikos ebenfalls eine Rolle.

$$\text{BMI} = \frac{\text{Körpergewicht in kg}}{(\text{Körpergröße in m})^2}$$

Die Gewichtsreduktion

Wer sein Gewicht reduzieren will, muss die tägliche Aufnahme an Kalorien/Energie reduzieren und möglichst den Verbrauch der durch die Nahrung aufgenommenen Energie erhöhen. An dieser einfachen Logik kommt aus biologischen Gründen keine Methode zur Gewichtsreduktion vorbei. Lebensstil und Ernährungsgewohnheiten müssen von den Betroffenen geändert und dann lebenslang beibehalten werden. Ich kann Ihnen diese Tatsache leider nicht ersparen. Versprechen, eine Gewichtsreduktion ohne eigenes Zutun erreichen zu können, sind nur eines: unredlich.

Fast alle Diäten scheitern daran, dass sie nur als kurze Lebensphasen begriffen werden, in denen Betroffene abspecken und dann zu den alten Gewohnheiten zurückkehren können. Das führt zum berühmten Jo-Jo-Effekt, bei dem das Gewicht nach Ende der Diät wieder auf die alte Höhe zurückschnellt und sie gar weiter überschreitet. Notwendig ist hingegen eine Ernährungsweise, bei der allenfalls ausnahmsweise zu jenen Gewohnheiten zurückgekehrt wird, die das Übergewicht hervorgerufen haben.

Es ist offensichtlich, dass das der Mehrzahl der Betroffenen nicht auf Dauer gelingt. Zu groß ist der innere Schweinehund, der überwunden werden müsste, zu groß sind die Verlockungen der Ernährungsindustrie, zu stark sind gesellschaftliche Einflüsse und zu schwach ist die Willenskraft. Das ist der Grund, warum sehr teure Medikamente zur Appetitzügelung in Verkehr gebracht werden oder gar immer häufiger verstümmelnde bariatrische Magenoperationen mit lebenslangen Folgen für die Betroffenen durchgeführt werden. Auch diese Methoden sollen letztlich „nur“ zu einer geringeren Kalorienaufnahme führen.

Nach Operationen sinkt das Gewicht oft rasch und beträchtlich, weil es den Betroffenen nicht mehr gelingt, so zu essen, wie sie es vorher konnten. Zudem scheint ein so schwerwiegender Schritt auch die Motivation zur Ernährungsumstellung zunächst stark zu befördern. Mit der Zeit lässt dieser Effekt aber auch bei nicht wenigen Operierten nach. Einem meiner Patienten ist es fünf Jahre nach der Schlauchmagenoperation „gelungen“, von den anfangs verlorenen 80 kg Körpergewicht wieder fast 50 kg zuzunehmen. Er hat einfach fünf- bis sechsmal am Tag und manchmal auch noch einmal in der Nacht kleinere Portionen gegessen.

Der von den vielen bekannten und etablierten Ernährungsverfahren gesündeste und nachhaltigste Ansatz zur Gewichtsreduktion ist deshalb aus meiner Sicht, die Ernährung auf eine Weise umzustellen, bei der trotz Kalorienreduktion allen Nährstoffbedürfnissen des Körpers Rechnung getragen wird. Das lässt sich in vielen Fällen dadurch erreichen, dass Betroffene aufhören, aus der Ausnahme die Regel zu machen.

Mit Zucker gesüßte Getränke, Speisen und Genussmittel sollten nur ausnahmsweise auf dem Speiseplan stehen. Den täglichen Konsum solcher Lebensmittel zu beenden und nur ein- oder zweimal pro Woche eine kleine Menge zu sich zu nehmen, ist aus meiner Sicht der wichtigste Schritt zur dauerhaften Gewichtsreduktion.

Die Rolle von Brot bei der Gewichtsreduktion

Brot spielt als Ursache von Übergewicht aus meiner Sicht, wenn überhaupt, eine sehr untergeordnete Rolle. Schon die Tatsache, dass in früheren Jahrhunderten Menschen ein Vielfaches der Brotmenge mehr als in heutiger Zeit verzehrten, aber Übergewichtigkeit wesentlich seltener vorkam, legt das nahe. Die damaligen Menschen hatten, außer wenn sie wohlhabenden Kreisen angehörten, schlicht keine Möglichkeit, Zucker oder mit Zucker gesüßte Lebensmittel in größerer Menge zusätzlich zur normalen Kost täglich zu verspeisen. Und sie waren meist körperlich aktiver als heutige Menschen.

Da Brot aufgrund des Stärkegehalts ein kalorienreiches Nahrungsmittel ist, liegt bei oberflächlicher Betrachtung nahe, zur Gewichtsreduktion möglichst wenig oder gar kein Brot zu essen. Diese Annahme geht jedoch nach meiner Erfahrung fehl. Kurzfristig lassen sich auf diese Weise bei einer Gewichtsreduktion rasche Erfolge erzielen. Wird eine solche Ernährung aber längerfristig durchgeführt, hat sie Umstellungen im Stoffwechsel zur Folge, die dem Ziel einer Gewichtsreduktion entgegenwirken. Hinzu kommen mentale Faktoren. Wird Brot vom Speiseplan gestrichen, steigt das unterbewusste Bedürfnis, auf andere Weise Zucker aufzunehmen.

Unser Körper ist auf die regelmäßige Zufuhr einer gewissen Menge an Kohlenhydraten für einen normalen Stoffwechsel angewiesen. Fehlen diese für längere Zeit und sind auch gespeicherte Vorräte aufgebraucht, stellt sich der Stoffwechsel um. Gehirn-, Muskel- und andere Körperzellen müssen nämlich weiter mit der nötigen Energie versorgt werden können. Der „neue" Stoffwechsel ist auf das Überleben ausgerichtet, auf die bestmögliche Nutzbarmachung auch kleinster Mengen Kohlenhydrate bei gleichzeitiger Senkung des allgemeinen Energieverbrauchs.

In diesem Zustand entstehen gegenüber dem Normalzustand auch vermehrt Stoffwechselprodukte wie die Harnsäure, die ihrerseits gesundheitliche Beeinträchtigungen auslösen können. So musste ich in meiner Sprechstunde schon einige Anwender der kohlenhydratarmen Diät wegen Gichtanfällen behandeln, weil sie durch ihren stark gesteigerten Konsum von Eiweißen in Form von Fleisch zu hohe Harnsäurespiegel hatten.

Eine Gewichtsreduktion sollte deshalb aus meiner Sicht unter Beibehaltung des Brotkonsums erreicht werden. Dabei kommt es aber auf die Wahl der Zutaten und die Zubereitung an.

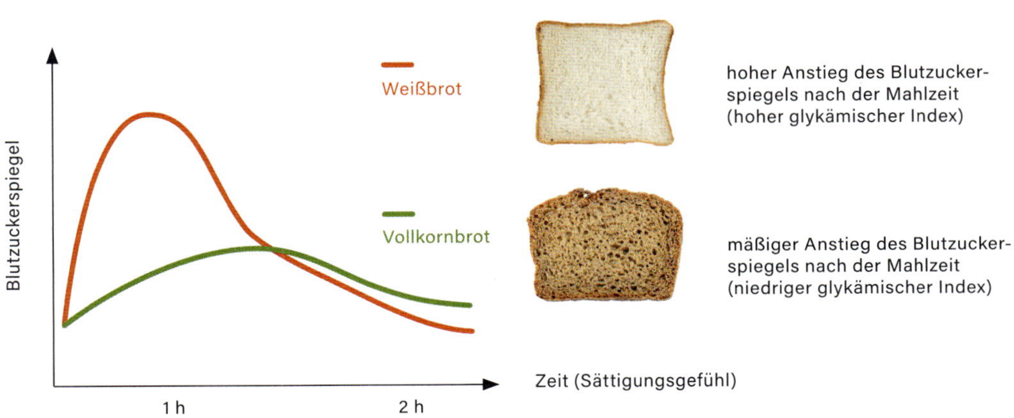

Empfehlung zur Ernährungsweise

Ähnlich wie bei der Zuckerkrankheit empfehle ich in meiner Sprechstunde übergewichtigen Patienten, eine sättigende Brotmahlzeit am Tag zu verzehren, vorzugsweise in der ersten Tageshälfte. Hierbei sollten Brotsorten gewählt werden, die ein lang anhaltendes Sättigungsgefühl erreichen. Vollkornbrot oder Brot mit einem Anteil an Vollkornmehl ist hierfür am besten geeignet. Ein Zusatz von Saaten oder, wie im Kapitel zur Zuckerkrankheit beschrieben, Hülsenfrüchten zu den Brotteigen kann zusätzlich dazu beitragen, diese Mahlzeit ernährungsphysiologisch aufzuwerten.

Nahezu alle Brotrezepte in diesem Buch eignen sich dazu, im Rahmen einer Gewichtsreduktion täglich verzehrt zu werden.

Zucker oder mit Zucker gesüßte Beilagen (Aufstriche, Getränke) sollten bei dieser Mahlzeit die Ausnahme bleiben. Ungesüßte Aufstriche sind hingegen in jeder Form möglich. Obst und Gemüse können dem Körper beim Start in den Tag zusätzliche Nährstoffe verschaffen. Die Brotmahlzeit dient dazu, dem Körper die im Laufe des Tages notwendigen Kohlenhydrate zu liefern und ihm damit die Möglichkeit zu geben, diese auch gleich zu verbrauchen.

Im Laufe des Tages sollte dann lediglich eine weitere Mahlzeit verzehrt werden. Dieses oft als Hauptmahlzeit bezeichnete Essen kann abwechslungsreich gestaltet werden und als Beilage auch kohlenhydrathaltige Lebensmittel enthalten, zum Beispiel Reis, Kartoffeln, Brot oder Pasta. Ich rate allerdings dazu, die Menge dieser Beilage gegenüber früheren Gewohnheiten zu reduzieren. Das heißt also: „Friss die Hälfte“ in Bezug auf die im deutschen Raum gelegentlich als „Sättigungsbeilage“ bezeichnete stärkehaltige Zutat.

Es ist günstiger, bei dieser Mahlzeit die Eiweißkomponente, zum Beispiel Fleisch, Fisch oder vegetarische/vegane Alternativen, und Gemüse in den Vordergrund zu stellen und diese sozusagen zu Sättigungsbeilagen zu erklären. Aus gleichem Grund sollten gesüßte Getränke als Begleiter oder süße Nachspeisen nur ausnahmsweise auf dem Speiseplan stehen.

Bis zum nächsten Tag sollte dann bis auf wenige Ausnahmen, zum Beispiel bei gesellschaftlichen Ereignissen, nichts mehr gegessen werden.

Dieses heute auch als Intervallfasten bezeichnete Verfahren ist nach meiner Erfahrung die nachhaltigste Methode, die Ernährung dauerhaft umzustellen, ohne dass Verzicht und Verbote überhandnehmen und jegliche Aussicht auf langfristigen Erfolg durchkreuzen. Menschen, die diese Ernährungsweise anwenden und beibehalten, haben die größten Aussichten, ihr Gewicht dauerhaft zu reduzieren.

Das benötigt Zeit. Je nach gewünschter Höhe der Gewichtsreduktion kann sie sich über Monate oder gar Jahre hinziehen. Doch nach dieser Zeit hat sich oft auch das Bedürfnis nach hochkalorischer Kost und Zucker verringert und ein gesünderer Lebensstil etabliert. So gelingt es, dauerhaft das neue Gewicht zu halten und dem Jo-Jo-Effekt zu entkommen.

Mein eigener Weg

Ich berichte normalerweise ungern über mich und meine Gesundheit, wohlwissend, dass das auch vielen anderen Betroffenen so geht. Da ich aber mit der genannten Ernährungsmethode selbst gute Erfolge habe, möchte ich darüber kurz erzählen. Vor allem, um Betroffenen Mut zu machen, dass sich die Mühen auszahlen.

Übergewicht habe ich schon seit meiner Jugend. Wie viele andere habe ich Diäten, Heilfasten und Co. hinter mir, ohne dass ich längerfristig damit Erfolg hatte. Auch die Pandemie und der damit verbundene Stress in der Praxis ab 2020 haben mir in Bezug auf mein Gewicht nicht gutgetan. Letztlich war mir schon lange klar, dass sich bei mir etwas ändern muss.

In solchen Situationen nimmt uns manchmal das Schicksal die Entscheidung ab. Meine zweite Infektion mit dem COVID-19-Virus im Frühjahr 2023 hat womöglich bei mir das Fass zum Überlaufen gebracht. Zum Übergewicht gesellte sich ohne Vorwarnung nach der Genesung eine Zuckerkrankheit (Diabetes mellitus Typ 2) mit schlechten Laborwerten hinzu.

Neben einer medikamentösen Behandlung habe ich mich deshalb selbst ab Mai 2023 nach der beschriebenen Intervallfasten-Methode ernährt. Also zusammengefasst: morgens eine Brotmahlzeit aus überwiegend Vollkornbrot und eiweißangereichertem Brot, mittags ein normal portioniertes Mittagessen mit verringertem Kohlenhydratanteil und dann Fasten bis zum nächsten Morgen. Je nach gesellschaftlichen Verabredungen habe ich auch an manchen Tagen auf das Frühstück verzichtet und stattdessen ein Abendessen zu mir genommen.

Daneben habe ich meine körperliche Aktivität erhöht und weitgehend auf gesüßte Speisen und Getränke verzichtet. Das führte zu einem langsamen, aber stetigen Gewichtsverlust, der inzwischen (Stand Februar 2024) 17 kg beträgt. Die Laborparameter zeigen an, dass der Blutzuckerstoffwechsel sich darunter normalisiert hat (HbA1c unter 5,9 Prozent). Viele Dinge wie Treppen zu steigen fallen mir leichter. Das motiviert mich sehr, diese Ernährungsweise weiter einzuhalten, zumal ich mich inzwischen gut daran gewöhnt habe.

Ich sehe mein Beratungskonzept in der Praxis durch meinen eigenen Fall bestätigt und denke daher, dass diese Methode sich auch für viele von Ihnen eignet.

Medizinischer Hinweis

Die vorgenannten Behandlungsstrategien beruhen auf meiner persönlichen Erfahrung als Allgemeinmediziner und Betroffener. Sollten Sie der Meinung sein, Ungereimtheiten oder fachliche Fehler gefunden zu haben, dann machen Sie sich bewusst, dass in der Medizin sehr viele mögliche Wege und sehr unterschiedliche, sich teils widersprechende Behandlungsansätze existieren.

Das liegt daran, dass der menschliche Körper und jede einzelne Erkrankung oft sehr individuelle Unterschiede aufweisen, denen ein für alle geltender Behandlungsansatz nicht gerecht wird. Zudem ist es so, dass sich auch der Wissensstand über Krankheiten in einem beständigen Wandel befindet und es deshalb immer wieder neue Ideen und Ansätze geben wird.

Welchen Weg Sie gehen, ist deshalb Ihre Entscheidung, die Sie nach reiflicher Überlegung unter Einbeziehung Ihrer individuellen Lebensumstände, Ihrer Gewohnheiten und Ihrer Persönlichkeitsstruktur treffen sollten. Lassen Sie sich dabei möglichst auch ärztlich beraten.

Gesundes Brot einfach selbst backen

Dieses Buch soll Ihnen helfen, gesundes Brot in Ihrer Küche selbst zu backen. Auf den folgenden Seiten beschreibe ich, was Sie dazu benötigen und wie Sie das bewerkstelligen. Zudem finden Sie Hintergrundwissen, das Ihnen hilft, einige Zusammenhänge besser zu verstehen.

Auf die Zutaten kommt es an

Gute Zutaten sind die halbe Miete, wenn Sie Brot selbst backen. Gute Zutaten, mit der richtigen Methode verarbeitet, schaffen eine Brotqualität, die Sie nur selten käuflich erwerben können. Ich kenne in meinem Bekanntenkreis kaum Menschen, die den Unterschied nicht sofort schmecken.

Gesundes Brot besteht nach Möglichkeit aus so wenigen Zutaten natürlichen Ursprungs wie möglich. Mehl, Wasser, Salz und ein Triebmittel (Hefe oder Sauerteig) reichen bereits, um eine große Vielfalt unterschiedlicher und gesunder Brote schaffen zu können. Je nach Rezept kommen in diesem Buch weitere natürliche Zutaten hinzu, die vorteilhafte gesundheitliche Auswirkungen haben und Ihr Brot damit zum Power-Food machen. Gleichzeitig haben die Zutaten in den meisten Fällen zusätzliche Funktionen, zum Beispiel eine höhere Feuchtigkeit in der Brotkrume und damit eine bessere Haltbarkeit. Oder sie verbessern den Geschmack.

Mehl

Verwenden Sie frisches Mehl aus regionaler Herstellung, wenn es Ihnen möglich ist. Lokale Mühlen bieten fast immer ein hochwertigeres Mehl an als Ihr Supermarkt, besonders wenn es sich um Mehl aus biologisch angebautem Getreide handelt. Supermarktmehl ist qualitativ meist zwar nicht schlecht, aber die Herstellung deutlich intransparenter als in der Mühle in Ihrer Nähe. Viele Mühlen bieten einen Mehlversand an, was eine praktische Alternative zum persönlichen Mehlkauf ist, wenn keine lokale Mühle in der Nähe ist. Einige meiner Bezugsadressen finden Sie im Anhang des Buches auf Seite 167.

Wasser

Leitungswasser ist in Europa fast überall in hervorragender Qualität verfügbar und für das Brotbacken deshalb bestens geeignet. Anstatt Wasser können aus geschmacklichen Gründen oder zur Erreichung bestimmter Teigeigenschaften auch andere Flüssigkeiten wie Milch oder Milchersatzprodukte, Buttermilch, Joghurt und Ei verwendet werden.

Salz

Salz ist das wichtigste Brotgewürz. Ob Sie Stein- oder Meersalz verwenden, ist im Grunde egal. Ich rate allerdings aus geschmacklichen Gründen von Zusätzen wie Jod oder Fluor ab.

Triebmittel

Nahezu alle Brotteige werden mithilfe eines Triebmittels fermentiert. Triebmittel lassen den Teig aufgehen und lockern dabei die Brotkrume, was das Brot besser verzehrbar macht. Außerdem helfen die meisten Triebmittel, im Teig vorhandene Stoffe abzubauen, die gesundheitliche Folgen haben können. Brotbacken ohne Triebmittel funktioniert auch, ist aber speziellen Brotsorten vorbehalten.

Die wichtigsten Triebmittel sind Hefe und Sauerteig. Bei einem Rezept in diesem Buch kommen auch Backpulver oder Natron zum Einsatz.

Hefe

Hefe gibt es sowohl als Trockenhefe als auch als Frischhefe zu kaufen. Während Sie mit Trockenhefe guter Qualität jedes Brot backen können, rate ich dennoch zum Gebrauch von Frischhefe. Der Grund ist, dass Frischhefe aus meiner Sicht einen besseren Geschmack im Teig entfaltet und Sie sich auf die Triebkraft noch besser verlassen können. Deshalb gelten hier alle Hefemengen in den Rezepten für frische Hefe. Wenn Sie nur Trockenhefe erhalten können, müssen Sie die Angaben zur Hefemenge in den Rezepten immer durch drei teilen, damit sie korrekt ist.

Sauerteig

Sauerteig ist ein natürliches Produkt der Fermentation einer Mischung von Mehl und Wasser. Er ist das natürlichste und traditionellste Triebmittel, das die Menschheit kennt. Die Herstellung von Brot mit Sauerteig hat sehr viele gesundheitliche Vorteile, die im Weiteren noch beschrieben werden. Sauerteig sollten Sie möglichst immer im Kühlschrank aufbewahren und regelmäßig füttern (Infos zum Füttern siehe Seite 48).

Wenn Sie zum Abwiegen von Hefe keine Feinwaage besitzen, können Sie sich an dieser Faustregel orientieren:

0,2 g frische Hefe entspricht ungefähr 2 Reiskörnern. — **0,2 g**

0,5 g frische Hefe entspricht ungefähr ½ Erbse. — **0,5 g**

1 g frische Hefe entspricht ungefähr 1 Erbse. — **1,0 g**

Mehlherstellung

Mehle werden durch das Vermahlen von Getreide hergestellt. In professionellen Mühlen geschieht das heute in einem aufwändigen technischen Prozess, bei dem das Getreide in sich wiederholenden Schritten immer wieder gemahlen und ausgesiebt wird. Das trennt gröbere und feinere Mahlprodukte voneinander und macht die Herstellung hellerer und dunklerer Mehle überhaupt möglich. Die Kunst des Müllers ist es dabei, aus den unterschiedlich feinen Mahlprodukten Mehle verschiedener Ausmahlgrade wieder zusammenzumischen.

Ein Getreidekorn besteht grob gesagt aus der ballaststoffreichen Schale, einer eiweiß- und fetthaltigen Aleuronschicht zwischen Schale und Mehlkörper, dem Mehlkörper, der die Stärke und Eiweiße enthält, und dem Keimling. Nur in seiner Gesamtheit sind alle Nährstoffe vollständig enthalten. In helleren Mehlen werden Teile des Korns und damit Nährstoffe weggelassen.

Der Ausmahlgrad bezeichnet den Gehalt an Mineralstoffen im Mehl. Je mehr Anteile der Getreideschale zugemischt werden, desto höher der Gehalt an Mineralstoffen und desto höher der Ausmahlgrad. Fachlich sind hierzu in Deutschland sogenannte Mehltypen definiert. Beim Weizen ist zum Beispiel Typ 550 ein helles Mehl mit niedrigem Ausmahlgrad, enthält also nur wenig Anteile der Getreideschale. Typ 405 ist noch heller und Typ 1050 deutlich dunkler, was einen höheren Ausmahlgrad bedeutet.

Der Ausmahlgrad auf einer Mehlpackung gibt Ihnen also Auskunft darüber, wie hell oder dunkel die Brotkrume wird und wie viel Mineral- oder Ballaststoffe enthalten sind. Sie können aber auch ableiten, wie sich der Teig verarbeiten lassen wird und wie viel Brotvolumen Sie erreichen können. Hellere Mehle oder niedriger Ausmahlgrad schaffen Teige, die eine optimalere Teigstruktur entwickeln können, die besser aufgehen, und deren Brote eine luftigere Krume bekommen. Dunkle Mehle mit höherem Ausmahlgrad ergeben oft „schwerere“ Teige, die nährstoffreicher sind, weniger stark aufgehen und nicht so luftige Krumen erzeugen.

Neben feinen Mehlen stellen moderne Mühlen auch Grieß und Schrot unterschiedlicher Grobheit her. Der einzige Unterschied zum Mehl ist die höhere Partikelgröße des gemahlenen Produkts. Schrot besteht immer aus dem vollen Korn, während Grieß meist aus geschälten Getreidekörnern gemahlen wird und damit heller ist.

>> Eine Liste der gängigen Mehlsorten mit Type-Bezeichnung und der empfohlenen Verwendung finden Sie auf Seite 57.

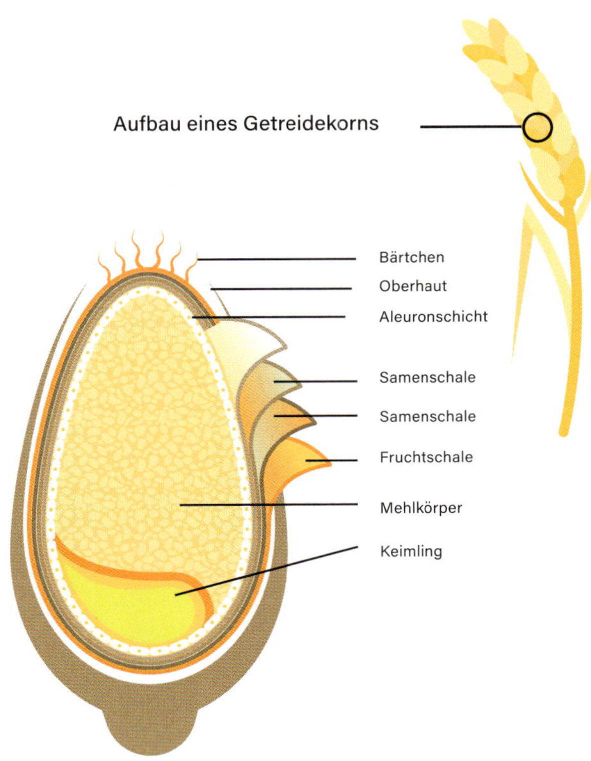

Vollkornmehl

Vollkornmehl enthält alle Bestandteile des Getreidekorns, ist also aus ernährungsphysiologischer Sicht das optimale Mehl, um alle wichtigen Nährstoffe des Getreides mit dem täglichen Brot aufzunehmen. Brot aus Vollkornmehl ist praktisch immer etwas kompakter und dadurch auch sättigender als Brot aus Auszugsmehlen.

In der professionellen Mühle wird auch Vollkornmehl aus den vorher getrennten „Fraktionen" des Mahlprozesses wieder zusammengemischt. Manche Müller geben den gemahlenen Keimling wieder zum Vollkornmehl hinzu, selbst wenn das die Haltbarkeit des Mehls verkürzt. Dafür hat es aber dann den vollen Nährwert.

In den letzten Jahren haben manche Mühlen auch begonnen, ultrafein gemahlenes Vollkornmehl anzubieten. Dieses ist praktisch gleich fein gemahlen wie helles Auszugsmehl, enthält aber dennoch das volle Korn. Der Clou dabei ist, dass sich dieses Vollkornmehl genauso gut verarbeiten lässt wie Weißmehl. Gegenüber „normalem" Vollkornmehl lässt sich damit also auch ein größeres Brotvolumen erzielen.

Selbst mahlen?

Wenn Sie in einer Haushaltsmühle mahlen, entsteht auch bei feinster Einstellung immer ein gröberes Vollkornmehl als in der professionelleren Mühle. Eigentlich müsste selbst gemahlenes Vollkornmehl als Feinschrot bezeichnet werden. Auszugsmehle, also zum Beispiel Weizenmehl Typ 1050 oder 550, lassen sich in der Haushaltsmühle nicht herstellen. Sehr frisch gemahlene Vollkornmehle haben geschmackliche Vorteile gegenüber gelagerten Mehlen, die aus meiner Sicht aber durch die Nachteile in der Teigverarbeitung und im späteren Brotvolumen wieder aufgewogen werden. Ich verwende deshalb bevorzugt Vollkornmehl aus professionellen Mühlen und versuche, dieses maximal drei bis vier Monate zu lagern.

Dennoch kann auch mit selbst gemahlenem Vollkornmehl sehr gutes Brot gebacken werden. Hierzu sollten Sie den Teig lange genug reifen lassen, damit die gröberen Schalenanteile auch weich werden und beim Kneten und bei der Teigreife die Teigstrukturentwicklung nicht zu sehr stören. Alternativ können Sie als Abhilfe das frisch gemahlene Mehl mit dem Mehlsieb einmal aussieben und die Kleie dann getrennt verarbeiten.

Mythos „Weißbrot ist ungesund"

Dieser Glaubenssatz begegnet mir auch in meiner hausärztlichen Sprechstunde immer wieder. Weil Brot aus dem vollen Korn rein rechnerisch mehr Nährstoffe, Vitamine und mehr Ballaststoffe enthält als Brot aus Weißmehl, wird behauptet, Weißbrot sei ungesund und für viele Zivilisationskrankheiten verantwortlich. Dem ist aus ärztlicher Sicht zu widersprechen, denn Weißbrot enthält alle diese Bestandteile zwar in geringerer Menge, nährt und versorgt den

Körper aber dennoch, ohne ihm dabei zu schaden. Schädlich ist nicht das Brot, sondern die Weise, wie der Mensch damit umgeht.

Dass mit dem Genuss von Weißbrot generell eine Zunahme von Zivilisationskrankheiten verbunden wäre, ist kaum belegbar, da bei ihrer Entstehung viele andere Risikofaktoren und individuelle Verhaltensweisen eine Rolle spielen. Aus meiner ärztlichen Tätigkeit sind mir zudem keine wesentlichen Unterschiede in der Häufigkeit von Zivilisationskrankheiten zwischen Ländern bekannt, in denen überwiegend Weißbrot verzehrt wird, und Ländern, in denen dunklere Brote und Vollkornbrote eine größere Rolle spielen.

Es ist üblich, dass Menschen täglich neben Brot auch viele andere Lebensmittel zu sich nehmen, die den Körper dann mit jenen Nährstoffen versorgen, die dem Weißbrot noch fehlen. Manche Menschen können auch reine Vollkornprodukte nicht gut vertragen, bekommen nach dem Genuss Bauchschmerzen und Blähungen. Daher ist eine generelle Empfehlung, Brote aus hellen Mehlen aus dem Speiseplan zu streichen, medizinisch nicht begründbar.

Weißbrot ist nicht ungesund, sondern es ist lediglich etwas weniger gesund als Vollkornbrot.

Die Getreide

Hauptgetreide für die Brotherstellung sind heute im deutschsprachigen Raum Weizen, Roggen und Dinkel. Eine gewisse Renaissance erleben sogenannte Urgetreide wie Emmer, Kamut und Einkorn, für die in diesem Buch aber kein Rezept vorgesehen ist. In speziellen Brotsorten werden auch Hirse, Gerste, Hafer oder Mais verwendet oder sogenannte Pseudogetreide wie Buchweizen, Quinoa und Amaranth. Bei diesen geht es in den meisten Fällen darum, dass sie glutenfrei sind oder spezielle Nährstoffe enthalten, die das Brot gesundheitlich aufwerten.

Weizen

Weizen ist weltweit die wichtigste Getreidesorte, da er sich nahezu überall auf der Welt gut anbauen lässt, fast immer gute Erträge liefert und ein Mehl ergibt, das eine optimale Zusammensetzung für die Brotherstellung hat. Der Grund ist, dass Weizen das Klebereiweiß Gluten enthält, das bei der Teigherstellung ein Klebergerüst aufbaut und damit dem Teig sehr guten Stand und Struktur gibt.

Der nächste Mythos lautet, Weizen sei zu hochgezüchtet, enthalte zu viel Gluten oder andere „Giftstoffe“, würde „dick und dumm“ machen ... Diese Behauptungen sind heute sehr verbreitet und führen dazu, dass Menschen ohne triftigen Grund auf den Genuss von Weizenbrot verzichten. Belegen lassen sich diese Behauptungen wissenschaftlich aber nicht. Der Weizen ist hier lediglich Opfer des menschlichen Bedürfnisses nach Monokausalität und einfachen Lösungen für komplexe Probleme.

Klar ist, dass das Weizenbrot beim Vorliegen bestimmter Erkrankungen schädlich ist. Hierzu zählt vor allem die Zöliakie, die bereits erwähnt wurde. Auch Menschen mit gesicherter Weizenallergie oder Weizensensitivität müssen ihren Weizenkonsum weitgehend einstellen. Die Fallzahl der Betroffenen ist aber gegenüber jenen gering, die nur glauben, Weizen nicht zu vertragen.

Für Letztere ist Weizen aber kein Problem und ihre vermeintlichen Beschwerden nach dem Weizengenuss hängen nicht mit dem Weizen zusammen, sondern haben andere Gründe, zum Beispiel die Herstellungsweise des Weizenbrotes. Oder anderen Faktoren wie Lebensstil, äußere Einflüsse oder andere Lebensmittel. Erst kürzlich hat eine Studie das wieder gezeigt.

Roggen

Roggen ist ein Getreide, das traditionell in den nördlicheren Gegenden Europas angebaut wird, da er unter diesen Bedingungen besser gedeiht als Weizen und Dinkel. Brote aus Roggenmehl müssen anders verarbeitet werden als Weizenteige, da sich die Teigstruktur bei ihnen nicht durch das Gluten aufbaut, sondern durch die Schleimstoffe (Pentosane) des Roggenkorns. Bei der Herstellung von Roggenbrot spielt Sauerteig eine wichtige Rolle, da er zu einer besseren Teigstruktur und zu wesentlich besserem Geschmack führt. Roggenvollkornsauerteigbrot hat von allen Getreidebrotsorten den niedrigsten glykämischen Index. Das heißt, dass nach dem Genuss der Blutzuckerspiegel am langsamsten ansteigt. Das liegt an der besonders gründlichen Fermentation der Teige mit Sauerteig.

Geeignete Getreidesorten zur Brotherstellung

Weizen Roggen Dinkel Gerste Hafer Hirse

Dinkel

Dinkel zeichnet sich durch eine sehr ähnliche Zusammensetzung wie Weizen aus. Er unterscheidet sich nur durch die Qualität des Klebereiweißes und einen nussigeren Geschmack. Der Dinkelkleber ist elastischer und gibt dem Teig deshalb weniger Stand. Sie können das ein wenig durch Zugabe von Vitamin C (zum Beispiel Acerola-Kirschpulver) ausgleichen. Dinkel hat gegenüber dem Weizen entgegen landläufiger Meinung keine gesundheitlichen Vorteile.

Gerste

Gerste wird vorwiegend für die Herstellung von Tierfutter und das Bierbrauen angebaut. Noch im Mittelalter war sie eines der wichtigsten Nährgetreide der Menschen, die daraus Grütze, aber auch Brot herstellten. Aufgrund ihres hohen Gehaltes an Beta-Glucan, das regulierende Effekte auf den Blutzuckerspiegel hat, kann Gerste interessant als Beimischung in Broten sein, die zur Ernährung bei Diabetes mellitus vorgesehen sind. Reine Gerstenbrote werden mangels Klebereiweiß und Backfähigkeit heute nicht mehr hergestellt.

Hafer

Auch Hafer wird heute überwiegend für die Herstellung von Tierfutter angebaut, eignet sich aber hervorragend zur Ernährung des Menschen. Seine Getreidekörner liefern neben einem hohen Ballaststoffanteil und ungesättigten Fettsäuren vor allem Beta-Glucan, das zur Regulierung des Blutzuckerspiegels beitragen kann. Hafer wird überwiegend in Form von Flocken oder Grütze verzehrt, kann aber auch als Zusatz zu Brotteigen oder zur Dekoration in der Brotherstellung verwendet werden. Reine Haferbrote sind mangels des Klebereiweißes äußerst schwer herzustellen und aus diesem Grund sehr selten.

Hirse

Hirse ist ein mineralstoffreiches Getreide, das sich zur Herstellung glutenfreien Brotes eignet. Verwendet wird meist das geschälte und gemahlene Hirsekorn, die Goldhirse. Eine Unterart der Hirse ist die aus Afrika stammende Zwerghirse (Teff), aus der ebenfalls Mehl hergestellt wird. Beide Mehle kommen meist in Mischung mit anderen glutenfreien Mehlen zum Einsatz. Mit Hirsemehl, -flocken oder -schrot können Sie auch Brote aus Weizen und Roggenmehl gesundheitlich und geschmacklich aufwerten. Einige Bestandteile der Hirse können den Blutzuckerspiegel und den Cholesterinspiegel günstig beeinflussen.

Mais

Der ursprünglich aus Mittelamerika stammende Mais ist heute noch vor dem Weizen und dem Reis das am meisten angebaute Getreide der Welt. Mais dient weit überwiegend der Herstellung von Tierfutter. Nur rund 15 Prozent der weltweiten Ernte kommen in der Lebensmittelherstellung zum Einsatz. Maisgrieß oder -mehl ist glutenfrei und histaminarm und kann unter bestimmten Bedingungen zur Brotherstellung geeignet sein. Das bekannteste Maisbrot ist die Tortilla. Das hierzu verwendete Maismehl wird vor der Verarbeitung noch chemisch aufgeschlossen (nixtamalisiert), damit sich daraus ein bindiger Teig herstellen lässt. Zudem verbessert die Nixtamalisation die Nährstoffverfügbarkeit und den Geschmack des Mehls.

Weitere Mehle und Zutaten

Ackerbohne

Mehl aus der Ackerbohne kommt in den letzten Jahren vor allem im professionellen Bereich häufiger als Zusatz zu Brotteigen zum Einsatz. Ackerbohnenmehl wird Brotteigen vor allem in Form eines Mehlkochstücks zugefügt. Dadurch verbessert es die Frischhaltung und erhöht den Eiweißgehalt des Brotes, was es für den Verzehr bei Krankheiten wie Diabetes mellitus und Übergewicht nützlich macht.

Buchweizen

Der Buchweizen zählt zu den Pseudogetreiden. Neben der Verwendung als Graupen, Grieß und Grütze kann er auch zu Mehl verarbeitet werden. Buchweizen ist glutenfrei und eignet sich daher zur Ernährung bei Zöliakie. Wegen des leicht herben Geschmacks wird er bei der Brotherstellung meist mit anderen Mehlsorten gemischt. Mit Buchweizenmehl können auch Süßspeisen wie Pfannkuchen oder bretonische Galette hergestellt werden.

Quinoa

Auch Quinoa ist ein Pseudogetreide. Ursprünglich stammt sie aus Südamerika und war für die Bergvölker in den Anden vor der Globalisierung eines der wichtigsten Lebensmittel. Quinoa ist glutenfrei und wird vorwiegend in der vegetarischen und veganen Küche eingesetzt sowie als Zusatz zu Müsli. In der Brotherstellung kann Quinoa eingesetzt werden, um den Eiweißgehalt des Brotes zu erhöhen. Sie sollte vor der Verwendung im Teig aber gekocht werden, um enthaltene Bitterstoffe (Saponine) zu verringern.

Amaranth

Die Samen des Fuchsschwanzes, einer weltweit verbreiteten Pflanze, zählen ebenso zu den Pseudogetreiden. Verwendet werden sie gewaschen und gekocht vor allem in Kindernahrung, im Müsli und bei allerlei anderen Speisen. Als Beimischung zu Brotteigen kann Amaranth den Eiweißgehalt, vor allem der essenziellen Aminosäuren, erhöhen. Auch der hohe Gehalt an Eisen, Calcium, Magnesium und Zink macht Amaranth zu einer interessanten Brotzutat.

Leinsamen/Goldleinsamen

Die Samen des Flachses werden in der Brotherstellung als ganze Samen, als Schrot und als Leinmehl eingesetzt. Leinsamen werden vor allem wegen des Geschmacks, wegen des hohen Gehalts an ungesättigten Fettsäuren und zur Verdauungsregulierung eingesetzt. Es ist sinnvoll, Leinsamen vor der Verwendung im Teig in Wasser quellen zu lassen, da sie große Mengen davon binden können. Teilentöltes Leinmehl kann auch als Bindemittel für glutenfreie Brote eingesetzt werden.

Weitere Saaten

Saaten wie Sesam, Sonnenblumenkerne, Kürbiskerne, Mohn und Schwarzkümmel werden zur Dekoration und Aromatisierung von Brot eingesetzt. Sie enthalten oft gesundheitsförderliche Inhaltsstoffe wie ungesättigte Fettsäuren, Öle oder Vitamine.

Bei Glutenunverträglichkeit geeignet

Buchweizen

Leinsamen

Quinoa

Fette

Fette wie Schmalz, Butter oder Pflanzenöle dienen zum einen geschmacklichen Zwecken und zum anderen der Erreichung bestimmter Teigeigenschaften und Krumenstrukturen. Fett umschließt im Teig die entstehenden Gärbläschen und sorgt dadurch für eine feinporigere und fluffigere Krume. Teige werden durch Fettzugabe dehnbarer.

Flohsamenschalen

Die Samenhülsen des Wegerichs (Plantago psyllium) werden in der Medizin schon lange als natürliches Abführmittel und zur Stuhlregulation eingesetzt. Das liegt daran, dass sie eine enorme Quellfähigkeit besitzen. Sie können ein Vielfaches ihres Eigengewichts an Wasser binden und damit sowohl bei Verstopfung als auch bei Durchfällen helfen. Letzteres macht sich die Medizin zum Beispiel beim Reizdarmsyndrom zunutze.

In der Brotherstellung spielen Flohsamenschalen in natürlicher oder gemahlener Form vor allem als Bindemittel bei glutenfreien Broten oder anstelle eines Mehlkochstücks zur Erhöhung des Wassergehalts von Teigen eine Rolle. Mit Flohsamenschalen können auch zu weich geratene Teige auf natürliche Weise „gerettet" werden. Geben Sie einfach einen Esslöffel Flohsamenschalen zu Ihrem zu weichen Teig in die Knetschüssel und mischen diesen kurz unter. Durch das Aufquellen der Flohsamenschalen wird der Teig wieder fester und bekommt auf diese Weise eine bessere Bindung.

Süßungsmittel

Zucker, Melasse (Zuckerrübensirup), Honig, Ahorn- oder Dattelsirup dienen zur Erreichung eines süßlichen Geschmacks bei Broten. In größerer Menge verwendet, können sie die Triebmittel hemmen. Bei Broten zur Ernährung bei der Zuckerkrankheit und Übergewicht sollten Süßungsmittel sparsam verwendet werden. Dattel- oder Ahornsirup scheinen zu einem etwas langsameren Anstieg des Blutzuckerspiegels zu führen als raffinierter Zucker.

Gemüse/Obst

Gemüse oder Obst kann getrocknet, roh gerieben oder gekocht und püriert in Teigen verwendet werden. Es dient zum einen geschmacklichen Gründen und zum anderen einer besseren Frischhaltung der Brote. Gut geeignet sind zum Beispiel Kartoffeln, Mohrrüben, Kürbis, Süßkartoffeln und Äpfel.

Zubehör und Ausstattung

Als ich vor 15 Jahren mit dem Brotbacken begann, befand sich in meinem Haus eine normal ausgestattete Küche, in der täglich die Mahlzeiten für meine Familie zubereitet wurden. Besonderes Brotbackzubehör gab es nicht. Erst nach und nach habe ich mir Brotbackequipment angeschafft, das mir die Arbeit erleichterte. Ich rate Ihnen, es ebenso zu handhaben. Das Brotbacken meistern Sie vor allem durch das Sammeln praktischer Erfahrung und weniger durch besonderes Zubehör.

Sie haben sicher einen Backofen, der zur Grundausstattung jeder Küche gehört. Auch eine Küchenmaschine, eine Waage, Schüsseln, Topflappen, Geschirrtücher, Backbleche und Messer sind sehr wahrscheinlich bei Ihnen vorhanden. Wer Kuchen backt, hat meist sogar Teigkarten, Silikonschaber und Kastenformen zur Verfügung.

Voilà, das reicht eigentlich für den Anfang, um gutes Brot zu backen!

Grundausstattung

Backofen

Ein normaler Haushaltsbackofen reicht! Möglichst dicht sollte er sein, damit Dampf während des Backens nur langsam entweicht. Wenn Ihr Ofen die Dichtigkeit nicht gewährleisten kann, hat das optisch nachteilige Auswirkungen auf die Backergebnisse. Der Backofen sollte bis 250 °C aufheizen können.

Küchenmaschine

Fast alle Teige kneten sich maschinell leichter und gründlicher als von Hand. Eine Küchenmaschine mit Knethaken finde ich deshalb sehr wichtig. Teigkneten erfordert Kraft – das gilt auch für die Maschine, die deshalb nicht zu leicht gebaut sein sollte. Aus dem gleichen Grund sind Handrührgeräte nur sehr bedingt zum Teigkneten geeignet.

Topflappen

Brauchen Sie, um heiße Formen oder Backbleche aus dem Ofen zu nehmen.

Backblech

Darauf backen Sie Ihre Brote und Brötchen, wenn Sie keinen Backstein oder Backstahl haben. Sie legen das Backblech dazu mit der Unterseite nach oben in den Einschub und heizen es mit dem Ofen zusammen auf.

Waage

Gutes Brotbacken geht nicht ohne Waage. Sie sollte grammgenau wiegen und groß genug sein, um die Knetschüssel tragen zu können.

Schüsseln

Darin lassen Sie Vorteige und Teige reifen. Sie werden mit Folien, passenden Deckeln oder Abdeckhauben (zum Beispiel Easy Tops) abgedeckt. Die Schüsseln können Sie auch mit einem Küchentuch ausgelegt als improvisierten Gärkorb nutzen.

Messer

Vor dem Backen werden die meisten Teiglinge eingeschnitten. Nutzen Sie hierzu zum Beispiel ein scharfes Wellschliffmesser.

1. Backstein
2. Waage
3. Schüssel
4. Backstahl
5. Rollholz
6. Breite Pinsel
7. Klingenhalter
8. Abdeckhauben
9. Schwadenwanne
10. Einschießer
11. Silikon-Dauerbackfolie/ -Backmatte
12. Teigkarten
13. Kastenform
14. Gärkörbchen
15. Leinentücher
16. Gusseiserner Topf

Grundsätzlich können alle Brote auch in einem gusseisernen Topf gebacken werden.

Geschirrtücher

Diese dienen zum Auslegen von Schüsseln oder Gärkörben und werden bemehlt, damit der Teig nicht daran klebt. Nutzen können Sie sie auch, um Teige damit abzudecken.

Backpapier/Dauerbackfolie

Das Backpapier oder die Dauerbackfolie kommt auf den Einschießer, das Brot auf das Backpapier. Dann lässt man beim Einschießen das Brot mit Backpapier auf den Stahl oder den Stein im Ofen rutschen – das hält den Ofen sauberer als bei Verwendung von Grieß oder Mehl auf dem Einschießer.

Laut Herstellerangaben können die meisten Backpapiere bis 220 °C verwendet werden. Es gibt aber spezielle Sorten für Ofentemperaturen, die darüber liegen. Ich empfehle statt Backpapier die Dauerbackfolien (siehe meine Ausstattungstipps für Fortgeschrittene).

Kastenform

Kastenformen brauchen Sie für jene Teige, die von selbst nicht genug Stand haben, um ohne Form gebacken zu werden. Sie können aber jedes Brot in der Kastenform backen, wenn Sie eine rechteckige Form der Brotscheiben bevorzugen.

Teigkarten und Silikonschaber

Diese helfen Ihnen ungemein bei der Teigbearbeitung und -formung.

Breiter Pinsel

Sie benötigen einen Pinsel, um Flüssigkeiten oder Glanzstreiche auf Brote aufzutragen.

Für Fortgeschrittene

Wenn Sie Blut geleckt haben und sich längerfristiger und intensiver mit dem Brotbacken beschäftigen wollen, dann kann ich Ihnen folgendes Zubehör empfehlen.

Backstein oder Backstahl

Backsteine aus Schamotte oder Granit speichern die Ofenhitze und geben sie intensiver und länger an das Backgut ab als Backbleche. Sie werten Haushaltsöfen daher für die Brotherstellung deutlich auf. Heute können Sie sich solche Steine passgenau für Ihren Ofeneinschub zuschneiden lassen. Das gilt auch für Stahlplatten, deren Vorteil es ist, dass sie sich schneller aufheizen und im Ofen weniger Platz benötigen.

Schwadenwanne

Schwadenwannen dienen der Erzeugung von Dampf im Ofen. Nehmen Sie einfach eine kleine Edelstahl-Auflaufform und füllen diese mit Lavatonsteinen, Keramiksteinen oder Edelstahlschrauben. Dann heizen Sie die Form im Ofen auf und gießen etwas Wasser hinein, wenn Sie das Brot in den Ofen befördert haben. Das Wasser verdampft schlagartig und sättigt den Ofenraum mit Feuchtigkeit.

Einschießer

Einschießer sind flache Bretter aus Holz oder anderen Materialien in etwa gleicher Breite wie Ihr Backstein. Brote, die ohne Form gebacken werden, können mit diesem Brett einfach in den Ofen befördert werden (einschießen).

Teigthermometer

Diese kleinen Einstichthermometer nutzen Sie, um die Teigtemperatur von Vorteigen, Sauerteigen und Hauptteigen zu steuern. Das ist insbesondere bei Sauerteigbroten zu empfehlen.

Halbprofessionelle Knetmaschinen

Küchenmaschinen haben ihre technischen Grenzen, wenn es um das Kneten von Brotteigen geht. Für regelmäßiges Brotbacken kann sich deshalb eine halbprofessionelle Teigknetmaschine lohnen. Diese ist robuster gebaut als normale Küchenmaschinen und auf die Bedürfnisse von Brotteigen zugeschnitten.

Rollholz

Dieses wird für Teige benötigt, die ausgerollt werden müssen.

Leinentücher

Feste Tücher aus grobem oder feinem Leinen sind besser als Küchentücher geeignet, Teiglingen zur Gare Stützung zu geben oder sie abzudecken.

Silikon-Dauerbackfolien

Diese nutzen Sie auf dem Einschießer liegend, um damit die Brotteiglinge in den Ofen zu befördern. Auf diese Weise gelingt Ihnen perfektes Einschießen ohne Risiko, dass der Teigling irgendwo anklebt.

Klingenhalter oder Baguettemesser

Zum Einschneiden von speziellen Teiglingen wie Baguettes oder für spezielle Schnitttechniken eignen sich besonders dünne scharfe Klingen, zum Beispiel Rasierklingen. Hierzu können Sie Klingenhalter kaufen.

Gärkörbchen

Gärkörbchen aus Peddigrohr oder in der Holzschliff-Variante werden für die Reifung von Brotteiglingen verschiedenster Formen benötigt. Peddigrohr hinterlässt ein schönes Muster auf den Teiglingen, während Holzschliff sich besonders für weiche Teiglinge oder für lange Übernachtreifung eignet, weil Teige an diesem Material kaum ankleben.

Gärschrank oder Gärbox

Hierbei handelt es sich um eine Box, in der eine konstante Lufttemperatur aufrechterhalten werden kann. Neben dem Erwerb kostspieliger professioneller Gärschränke können Sie auch zum Bastler werden und zum Beispiel eine Thermobox mit einer Heizmatte, einem Thermometer und einem Regler selbst in einen kleinen Gärschrank verwandeln.

Abdeckhauben

Kunststoffhauben mit einem Gummizug (zum Beispiel Easy Tops) vereinfachen es, Gärkörbe und Kastenformen für eine lange Reifezeit abzudecken.

Vorteige

Brot wird in fast allen Fällen dadurch bekömmlicher, wenn Sie dem Teig ausreichend Zeit zur Reifung geben. Das belohnt Sie gleichzeitig mit einem intensiveren Geschmackserlebnis als bei kurz gereiften Teigen. Während einer längeren Reifung quillt die Mehlstärke besser aus, entwickelt sich eine bessere Teigstruktur und es entstehen mehr Aromastoffe. Hierbei lässt sich leider keine feste Zeit definieren, die der Teig grundsätzlich mindestens reifen muss. Es hängt von mehreren Faktoren ab, wie viel Zeit erforderlich ist. Neben der Triebmittelmenge sind das vor allem die Temperatur des Teiges, aber auch das verwendete Mehl und die verwendete Flüssigkeitsmenge.

In den meisten Fällen erreichen Sie eine hervorragende Brotqualität, ohne den ganzen Teig über viele Stunden reifen lassen zu müssen, wenn Sie mit Vorteigen arbeiten.

Vorteige mit Triebmittel

Vorteige werden lange vor der Herstellung des eigentlichen Brotteigs aus einem Teil des Mehls und einer Flüssigkeit, meist Wasser, gemischt und mit einem Triebmittel versetzt. Hierbei wird die Triebmittelmenge je nach Rezept und gewünschtem Ergebnis so gewählt, dass Vorteige zwischen 2 bis 24 Stunden Reifezeit benötigen. Im Vorteig werden also Reifeprozesse vorweggenommen, die eigentlich erst im Hauptteig geschehen. So kann später die Reifezeit der Hauptteige verkürzt werden, ohne geschmackliche Abstriche zu machen oder die Verträglichkeit zu verschlechtern.

Die vier wichtigsten Vorteige mit Triebmittel und ihre Eigenschaften sind:

1. Flüssiger Hefevorteig (Poolish)
- 1 Teil Wasser, 1 Teil Mehl, 0,01 Teile Frischhefe
- Reift bei Raumtemperatur
- Relativ temperaturunabhängig
- Hohe Aktivität, gibt Teigen zusätzliche Triebkraft
- Macht Teige elastischer
- Fruchtig-süßliches Aroma

2. Fester Hefevorteig (Biga)
- 1 Teil Wasser, 2 Teile Mehl, 0,1 Teile Frischhefe
- Einfache Herstellung
- Reift bei Raumtemperatur
- Hohe Triebkraft
- Macht Teige stabiler
- Nussig-süßliches Aroma

3. Flüssiger Sauerteig
- 1 Teil Wasser, 1 Teil Mehl, 0,05 bis 0,1 Teile Lagersauerteig (Anstellgut)
- Einfache Herstellung
- Temperatursensibel (optimal zwischen 24 und 28 °C)
- Macht Teige weicher und dehnbarer
- Deutlichere Säure

4. Fester Sauerteig
- 1 Teil Wasser, 2 Teile Mehl, 0,1 Teile Lagersauerteig (Anstellgut) oder
- 1 Teil Wasser, 2 Teile Mehl, 2 Teile fester Lagersauerteig (Lievito Madre)
- Etwas aufwändigere Herstellung
- Temperatursensibel (optimal zwischen 26 und 28 °C)
- Macht Teige stabiler
- Mildere Säure

Welche Art des Vorteigs gewählt wird, hängt sehr davon ab, was Rezeptentwickler für einen Brotgeschmack erreichen wollen und welche inneren Eigenschaften der Teig bekommen soll.

Vorteige ohne Triebmittel

Manche Vorteige dienen lediglich der Vorquellung von Zutaten. Hierzu zählen sogenannte Autolyseteige, bei denen vor dem eigentlichen Kneten des Teiges Mehl und Wasser lediglich vermischt werden und schon eine gewisse Zeit verquellen. Hierdurch verkürzt sich die notwendige Knetdauer.

Weitere Vorteige ohne Triebmittel sind:

1. **Quellstück:** zur Vorquellung von Saaten, Körnern, Schroten oder anderen trockenen Zutaten
2. **Brühstück:** zur Vorquellung und stärkeren Wasserbindung von Mehlen, Schroten oder Saaten
3. **Kochstück:** zur Vorquellung und sehr starken Wasserbindung von Mehlen, Schroten und Körnern

Solche Vorteige erhöhen den Wassergehalt des Brotteigs und sorgen für eine bessere Haltbarkeit und eine angenehme Saftigkeit der Brotkrume beim Verzehr.

Sauerteig

Jahrtausendelang war Sauerteig das bedeutendste Trieb- und Fermentationsmittel in der Brotherstellung. Reinzuchthefen wurden in der Teigbereitung im größeren Stil erst seit dem 19. Jahrhundert angewendet. Heute spielt Sauerteig, besonders Natursauerteig, der von Betrieben langjährig gepflegt und bewahrt wird, weltweit gesehen nur noch eine Nischenrolle.

Selbst in Deutschland, Österreich und der Schweiz, wo Roggen- und Roggenmischbrote noch verbreitet im Angebot sind, dominieren Hefebrote den Bäckeralltag. Wenn Sauerteig zum Einsatz kommt, dann ist es oft Reinzuchtsauerteig industrieller Herkunft, der bei allen Anwendern gleich schmeckt. Erst in den letzten 20 Jahren ist zu beobachten, dass auch im Profibereich das Bewusstsein für selbst gepflegten Natursauerteig und daraus hergestelltes Sauerteigbrot wieder wächst.

Der Grund ist, dass Reinzuchthefen die Teigbereitung sehr viel verlässlicher machen und das entstehende Brot einen sehr milden Geschmack bekommt. Damit eignet es sich für ein breiteres Feld an Verwendungen als Sauerteigbrot, das einen prägnanteren Eigengeschmack hat. Bäcker und Industrie gehen durch den Einsatz von Hefe geringere Produktionsrisiken ein und die benötigte Fachkenntnis ist ebenfalls kleiner, da Teige mit Sauerteig höhere Anforderungen daran stellen.

Sauerteigbrot ist allerdings aus gesundheitlicher Sicht reinem Hefebrot deutlich überlegen. Wie kein anderes Triebmittel kann Sauerteig den Brotteig gründlich fermentieren, dabei wichtige Nährstoffe freisetzen oder vor dem Abbau bewahren, die Frischhaltung des fertigen Brotes verbessern und die Bekömmlichkeit steigern. Einzig und allein bei der Histamin-Intoleranz ist Sauerteigbrot problematisch, da bei der Sauerteigfermentation natürlicherweise beträchtliche Mengen Histamin entstehen.

Sauerteig selbst herstellen

Sauerteig entsteht, wenn Getreidemehl mit Wasser gemischt wird und bei Temperaturen zwischen 26 und 30 °C reift. Auf der Oberfläche von Getreidekörnern existiert natürlicherweise eine Vielzahl von Mikroorganismen, die den Mahlprozess überstehen und deswegen auch im Mehl zu finden sind. Die meisten dieser Mikroorganismen sind gesundheitlich völlig unbedenklich und gegenüber potenziell schädlichen Keimen in weit höherer Zahl vorhanden.

Bei der Züchtung eines Sauerteigs sorgen Sie wie ein Züchter durch Steuerung von Parametern wie der Temperatur, der Wassermenge und der Mehlsorte dafür, dass sich die gewünschten Mikroorganismen gegenüber unerwünschteren Arten bevorzugt vermehren können und schließlich die dominante Art im sprichwörtlichen Gehege werden.

Im Fall von Brotsauerteigen sind das insbesondere Milchsäurebakterien (Lactobacillus) sowie Hefepilze (Saccharomyces), die die Kultur dominieren sollen. In einem biologischen Gleichgewicht halten sie auf verschiedene Weise, zum Beispiel durch Säuerung des Teiges, andere Mikroorganismen in Schach. So eine stabile Kultur bleibt nur erhalten, wenn eine regelmäßige Pflege stattfindet. Das ist zwar aufwändig, aber wichtig, da Sie nur so gute Backergebnisse erreichen können.

Im Folgenden gehe ich darauf ein, wie Sie einen gesunden und stabilen Sauerteig selbst herstellen können und diesen regelmäßig so pflegen, dass er Ihnen lange als Triebmittel gute Dienste leisten wird.

Wenn Sie einen Sauerteig von der Pike auf neu züchten wollen, dann nutzen Sie dafür am besten die Getreidesorte, mit der Sie vorzugsweise backen. Für die Neuzüchtung eignet sich am besten Vollkornmehl, weil bei diesem die Zahl der schon vorhandenen Mikroorganismen im Mehl am größten ist. Mischen Sie zum Beispiel 100 g warmes Wasser (40 °C) mit 100 g Vollkornmehl und rühren Sie gut durch. Die Mischung lassen Sie für einen vollen Tag (24 Stunden) bei 26 bis 30 °C ruhen. Das geht zum Beispiel in einem Gärschrank oder aushilfsweise in einem Ofen, der auf 30 °C vorgeheizt wurde.

Nach 24 Stunden führen Sie die erste Fütterung durch. Hierzu nehmen Sie wieder 100 g warmes Wasser, 100 g Vollkornmehl und rühren das unter den Ansatz vom Vortag. Nun lassen Sie den Ansatz wieder 24 Stunden bei 26 bis 30 °C ruhen. Spätestens jetzt sollte sich erste Aktivität in Form von Gärbläschen im Neuansatz zeigen, sollten Geruchsnoten entstanden sein, die teils auch unangenehm sein können.

Die nächste Fütterung wird analog zu Schritt 1 und 2 ausgeführt, allerdings kann es bereits nach 12 bis 16 Stunden sein, dass sich stärkere Aktivität zeigt und der neue Sauerteig sich in etwa im Volumen verdoppelt hat und schon säuerlich riecht. Das gilt insbesondere dann, wenn Sie die Temperaturen konstant einhalten können. Dann kann bereits die vierte Fütterung erfolgen, auch wieder analog zu Schritt 1 bis 3. Bei Schritt 4 wird der junge Sauerteig erneut schneller aufgehen als bei Schritt 3. Sie können nun noch zwei bis drei weitere Fütterungsschritte unternehmen, um die Kultur weiter zu stabilisieren, bevor Sie sie erstmals im Kühlschrank lagern. Ab Schritt 3 können Sie, wenn Sie mildere Sauerteige bevorzugen, statt Vollkornmehl auch hellere Mehle als Futter benutzen.

Zeigen sich in Schritt 3 und 4 auf der Oberfläche des jungen Sauerteigs allerdings Zeichen von Schimmel oder merkwürdigen Verfärbungen oder entsteht ein wirklich ekelhafter Geruch, müssen Sie den Ansatz entsorgen und von Neuem beginnen. Dann ist es zu einer Vermehrung unerwünschter Mikroorganismen gekommen, bevor Ihre Kultur stabil und sauer genug war, um das zu verhindern.

Mit dem fertigen jungen Sauerteig können Sie nun Ihr erstes Brot backen. Bewahren Sie etwas von dem Ansatz auf, um diesen als Lagersauerteig (Anstellgut) für die nächsten Backtage zu erhalten.

Im Bereich des Hobbybackens haben nur wenige Menschen die Möglichkeit, jeden Tag den Sauerteig zu pflegen und zu verwenden. Daher gibt es Methoden, den Sauerteig über einige Zeit im Kühlschrank aufzubewahren, um ihn dort zu konservieren. Eine stabile Kultur übersteht problemlos kalte Lagerungen bis zu mehreren Wochen, wenn die Fütterung auf korrekte Weise geschieht.

Wenn Ihnen das gerade beschriebene Prozedere zu aufwändig ist oder andere Gründe dagegen sprechen, würde ich immer dazu raten, dass Sie sich eine gesunde Sauerteigkultur von anderen Hobbybäckern oder von Profis besorgen. Hierzu gibt es inzwischen auch Sauerteigbörsen im Internet, wo ein reger Austausch von Sauerteigkulturen stattfindet.

Füttern Sie Ihren Sauerteig folgendermaßen:

Nehmen Sie 20 g vom gelagerten Sauerteig aus dem Glas und geben ihn in ein frisches, sauberes, neues Glas.

20 g Sauerteig

Fügen Sie zuerst 60 g Mehl und dann 60 g warmes Wasser hinzu und rühren kräftig durch.

60 g Mehl

Schließen Sie den Deckel und stellen das Glas für etwa 2–3 Stunden in Ihren Ofen, den Sie zuvor auf 30 °C vorgeheizt haben.

60 g warmes Wasser

Lagersauerteig (Anstellgut) pflegen

Es hat sich in der Hobbyküche bewährt, Lagersauerteig immer getrennt von jenen Sauerteigen zu pflegen, die Sie für ein Brotrezept benötigen. Hierzu bewahren Sie eine gewisse Menge Sauerteig in einem Behälter, zum Beispiel einem sauberen Marmeladenglas mit Deckel, im Kühlschrank auf und füttern ihn in regelmäßigen Abständen.

Bei mir hat sich aus praktischen Gründen eine Fütterung einmal wöchentlich etabliert. Ich backe meist einmal wöchentlich Brot und habe dann Zeit, mich auch um die Lagersauerteige zu kümmern. Bei der Fütterung sollten Sie sich von folgenden Gedanken leiten lassen. Das Ziel ist, Ihre Kultur optimal mit Nährstoffen zu versorgen, sodass diese wieder eine Zeit lang im Kühlschrank ruhen kann, ohne dabei zu hungern. Hungern ist generell schlecht für Sauerteigmikroorganismen, weil sich dadurch unerwünschte Stoffwechselprodukte bilden, Mikroorganismen eingehen und das eigentlich gewünschte Gleichgewicht gestört wird. Die Kultur wird vom Hungern krank.

Nun geschieht Folgendes: Die Mikroorganismen aus der vorherigen Kultur erwachen und beginnen, sich am frischen Futter zu laben. Sie vermehren sich und durch ihren Stoffwechsel entstehen Gärgase, die die neue Kultur aufgehen lassen. Erkennen können Sie das an kleinen Gasbläschen, die Sie durch das Glas sehen, und an der Zunahme des Volumens.

Sobald klar erkennbar ist, dass die neue Kultur gut aufgeht, stellen Sie sie wieder in den Kühlschrank. Nicht die Uhr entscheidet darüber, sondern diese Beobachtung. Bei einem gesunden Lagersauerteig sind etwa 2–3 Stunden Reifezeit im Warmen beim obigen Vorgehen eine gute Richtzeit. Dann ist nämlich noch mehr als genug Futter für die neue Kultur vorhanden, um eine längere Reifezeit zu überstehen.

Wenn Sie die Kultur länger aufgehen lassen würden, sagen wir bis zur Verdoppelung oder Verdreifachung, dann wäre sie danach schon zu stark abgefressen, bevor sie wieder in den Kühlschrank kommt. Es ist dann nicht verwunderlich, wenn eine Woche später bereits die Kultur völlig eingefallen ist und sich ein komischer Geruch oder merkwürdige Flüssigkeit auf der Oberfläche sammelt. Beides sind klare Zeichen für Hunger.

Sollten Sie Ihren Lagersauerteig aufgrund von Urlaub einmal länger lagern müssen als eine Woche, dann rate ich dazu, ihn mit weniger Wasser anzumischen. Bei der letzten Fütterung, die Sie optimalerweise einen Tag vor der Urlaubsreise durchführen, mischen Sie 20 g des alten Sauerteigs mit 60 g Mehl und 40 g Wasser. Es entsteht ein festerer Lagersauerteig (Anstellgut), der eine kalte Lagerung von 2 bis 3 Wochen im Kühlschrank ohne Hungern übersteht. Die geringere Wassermenge führt dazu, dass sich Stoffwechselvorgänge verlangsamen. Nach dem Urlaub füttern Sie Ihren Lagersauerteig wieder in gewohnter Weise.

Auf die oben genannte Weise erreichen Sie optimale Bedingungen für Ihre Kultur. Sie steht bis zur nächsten Fütterung im Kühlschrank bereit, um daraus den Sauerteig für ein Brotrezept anzusetzen. Wenn Sie sich intensiver mit Sauerteig und seinen Spielarten beschäftigen möchten, dann rate ich Ihnen zur Anschaffung weitergehender Literatur. Das Thema ist sehr vielschichtig und höchst interessant.

Sauerteigreste

Sauerteigreste, die beim Füttern übrig bleiben, können Sie auf vielfältige Weise verarbeiten. Ist ihre Menge nicht zu groß, können sie einfach zu dem Brotteig zugegeben werden, den Sie gerade herstellen. Reste lassen sich auch beim Herstellen von Kuchen, Keksen, Waffeln oder Pfannkuchen problemlos dem Teig zufügen. Sogar ein Auflösen im Gießwasser für den Garten ist möglich und kann zur Verbesserung der Mikroflora des Bodens sinnvoll sein.

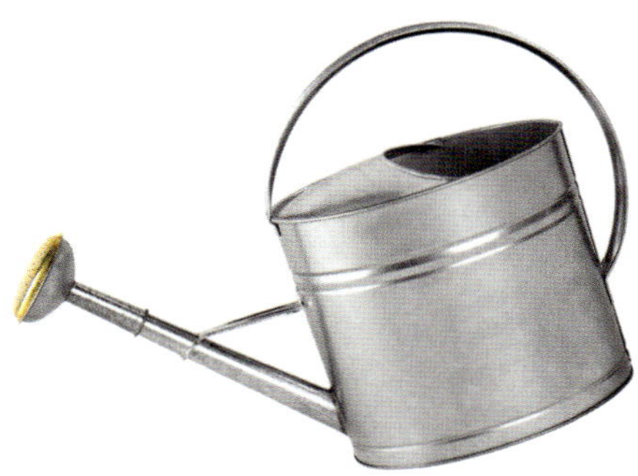

Arbeitsschritte

Es folgen Erklärungen zu den einzelnen Arbeitsschritten, die Sie in Brotrezeptbeschreibungen vorfinden und ausführen müssen. Im Grunde folgt die Herstellung eines Brotes einem recht einheitlichen Schema, das sich in sechs Schritte einteilen lässt.

1 Vorteig

Je nach Rezept mischen Sie einige Stunden vor dem Kneten des Gesamtteigs den Vorteig und lassen ihn wie im Rezept angegeben reifen.

2 Mischen/Kneten

Geben Sie die Zutaten in der im Rezept angegebenen Reihenfolge in die Knetschüssel und führen Sie den Knetvorgang durch. Das Kneten erfüllt drei Aufgaben: Es mischt die Zutaten gründlich miteinander, es baut bei Weizen- und Dinkelteigen die Teigstruktur (Klebergerüst) auf und es mischt Luftsauerstoff in den Teig, der von den Mikroorganismen des Triebmittels benötigt wird. Klammern Sie sich hierbei nicht an die in den Rezepten angegebenen Knetzeiten. Diese sind nur Richtzeiten, um Ihnen eine ungefähre Vorstellung davon zu geben, wie lange das Kneten dauern kann. Letztlich müssen Sie den Teig aber beobachten und das Kneten dann beenden, wenn er ausreichend geknetet ist.

Bei Weizen und Dinkelteigen ist das dann der Fall, wenn sich der Teig von der Schüssel ablöst und eine glatte, matt glänzende Oberfläche bekommt, die kaum noch reißt.

Bei Roggen- und Roggenmischbrotteigen reicht ein gründliches Mischen bei langsamer Knetgeschwindigkeit für 6–8 Minuten. Dinkelteige und Teige aus Urgetreiden sind beim Kneten empfindlicher und sollten deshalb nicht zu intensiv geknetet werden.

Insbesondere bei letzteren Teigen besteht nämlich die GEFAHR DES ÜBERKNETENS. Überkneten bedeutet ein Überstrapazieren des Teigs, bis die Kleberstränge zerreißen – ähnlich einem elastischen Spannseil, das Sie so stark auseinanderziehen, dass die elastischen Fasern reißen. Sie erkennen ein Überkneten daran, dass der matt glänzende Teig mit einem Mal immer feuchter, glänzender aussieht und wieder mehr an der Schüssel klebt. Unterbrechen Sie in diesem Moment das Kneten, geben dem Teig ein paar Minuten Ruhe und dehnen und falten ihn dann von Hand auf der Arbeitsfläche (siehe rechts), lässt er sich meist problemlos retten.

Sie können jeden Teig auch von Hand kneten. Bei Teigen aus Weizen und Dinkel, die eine gute Kleberstruktur aufbauen sollen, dauert das allerding sehr lange.

Grundmethode Handkneten

Nach dem groben Vermischen der Zutaten mit einem stabilen Rührlöffel in einer Schüssel beginnen Sie, mit einer Hand den Teig vom Rand der Schüssel zur Mitte zu falten. Die andere Hand dreht danach die Schüssel um eine viertel Umdrehung nach links. Dann wieder mit der ersten Hand den Faltvorgang wiederholen. Das Ganze wird so lange wiederholt, bis der Teig sich schön glatt und gut entwickelt anfühlt. Das kann durchaus 20–30 Minuten dauern.

No-Knead-Methode

Die Zutaten werden mit dem Rührlöffel bestmöglich vermischt und dann der Quellung überlassen. Während der Stockgare wird dann mehrfach der Teig gedehnt und gefaltet. Hierzu wird der Teig auf die Arbeitsfläche gekippt, an einer Seite gefasst, auseinandergezogen und dann übereinandergefaltet. Das wird dann von allen Seiten einmal wiederholt, wodurch sich der Teig strafft und ein Klebergerüst aufbaut.

Link zum Video

3 Reifephase 1 (Stockgare)

Der Teig reift nun zum ersten Mal in der Knetschüssel oder einem anderen Behältnis, das optimalerweise mit etwas Pflanzenöl eingestrichen wird. Das erleichtert es, den Teig während oder nach der Reifezeit aus der Schüssel zu nehmen und noch einmal zu bearbeiten. Während der Reifezeit von Weizen- und Dinkelteigen sehen manche Rezepte das sogenannte Dehnen und Falten vor.

Die Stockgare kann je nach Rezept bei unterschiedlichen Temperaturen stattfinden. Wenn Sie die Stockgare im Kühlschrank durchführen, kann der Teig hierdurch deutlich länger reifen und entwickelt dabei andere Aromen als bei Reifung bei Raumtemperatur.

Dehnen und falten

Das heißt, den Teig an allen vier Seiten einmal an beiden Enden rauszuziehen (dehnen) und dann wieder über sich selbst zu schlagen (falten), etwas über die Mitte des Teigbatzens hinaus, sodass die eingeschlagenen Teile deutlich überlappen.

Das wird je nach Konsistenz und Stand des Teigs mehrfach (häufig viele Male) gemacht. Der Teig wird dadurch zusätzlich mit Luft angereichert und immer mehr auf Spannung gebracht, was bei weichen Teigen öfter notwendig ist als bei festen Teigen, damit er nicht auseinanderläuft.

Einmal dehnen und falten heißt also mehrfach von allen vier Seiten.

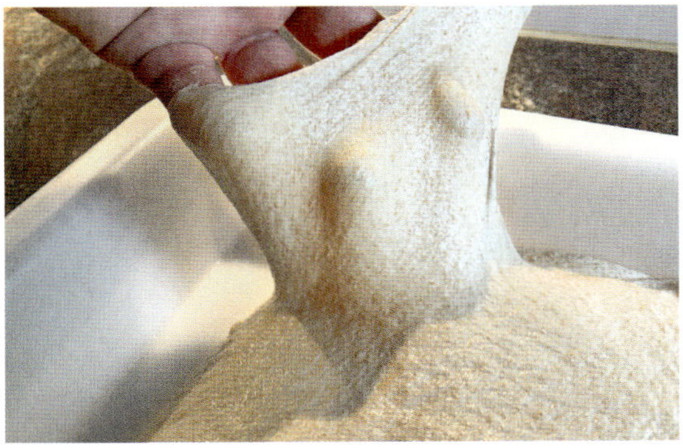

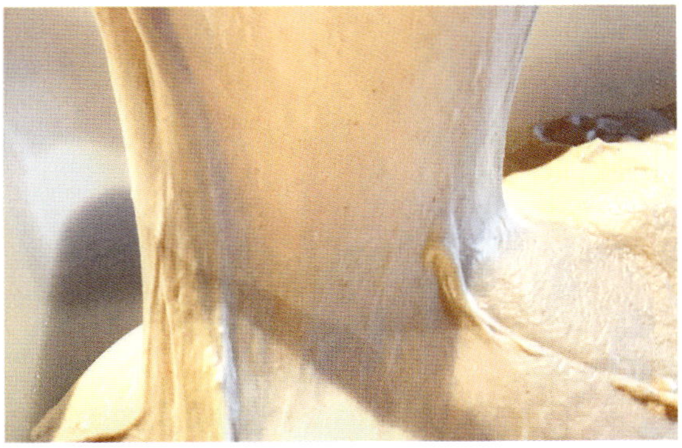

Hier sehen Sie den sogenannten Fenstertest: links das Ergebnis bei einem gut gekneteten Vollkornteig, rechts einen fertigen hellen Teig.

4 Formen (Wirken)

Der gereifte Teig wird nun gegebenenfalls in die notwendige Anzahl Teiglinge geteilt und auf der bemehlten Arbeitsfläche von Hand geformt. Hierzu existieren unzählige Techniken, um Brotteige in vielfältigste Formen zu bringen. Wenn Sie damit noch keine Erfahrung haben, rate ich dringend dazu, sich auch Videos der gewünschten Formungstechnik im Internet anzusehen. Das hilft, die beschriebenen Arbeiten besser zu verstehen und zu sehen, wie sehr der Teig dabei gestrafft werden soll.

Bei Weizen- und Dinkelteigen ist das Ziel, die Teigstruktur während des Formens so zu straffen, dass das geformte Brot genug Stand hat, um seine Form bis zum Backen und währenddessen zu behalten. Hierzu wird der Teig mehrfach übereinandergefaltet oder eingerollt und so in die gewünschte Form gebracht. Auch hierbei besteht die Gefahr des Überwirkens, also des Überdehnens des Teiges, bis er reißt. Beim Teigwirken ist also gleichzeitig Bestimmtheit und Gefühl gefragt.

Bei Roggen- und Roggenmischteigen kann der Teig nur sehr wenig Spannung aufbauen, sodass es hierbei ähnlich wie beim Arbeiten mit Ton in den meisten Fällen darum geht, die gewünschte Brotform herzustellen, ohne dass auf der Oberfläche zu viele Falten entstehen.

Rundwirken

Der Teig wird vom Rand immer wieder zur Mitte gefaltet, bis eine angedeutete Teigkugel entstanden ist. Diese wird dann gewendet und mit beiden Händen oder Teigkarten durch Schieben zu einer straffen Kugel geformt.

Link zum Video

Langwirken

Zunächst wird wie beim Rundwirken eine grobe Kugel geformt. Diese wird dann gewendet, sodass der Schluss oben liegt. Nun wird von einer Seite der Kugel der Teigling mit beiden Händen straff eingerollt, sodass sich ein länglich-ovaler Teigling ergibt.

Link zum Video

RUNDWIRKEN

LANGWIRKEN

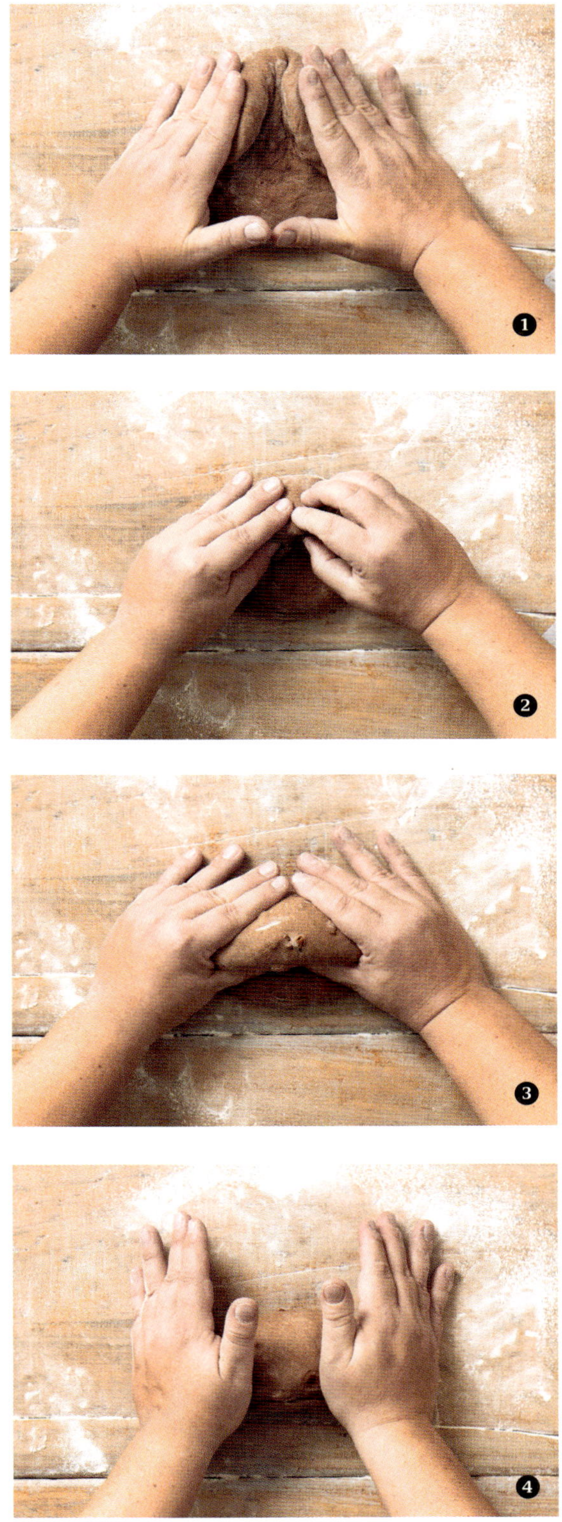

5 Reifezeit 2 (Stückgare)

Die Stückgare findet entweder in Brotformen (Kastenformen, Gärkörbchen) statt oder auch auf Leinentüchern oder der Arbeitsfläche. Sie dient der Ausreifung des Teiges und der Bildung einer hinreichenden Lockerung der Brotkrume durch Gärgase. Die Dauer der Stückgare richtet sich nach dem gewünschten Ergebnis. Wollen Sie einen besonders stark aufgerissenen Brotlaib erreichen, halten Sie die Stückgare kürzer. Wenn Sie einen besonders gut gelockerten Brotteig möchten und eventuell sogar ein Brot mit glatter Oberfläche ohne Risse oder Einschnitte backen wollen, halten Sie die Stückgare länger.

Den Zustand der Stückgare können Sie prüfen, indem Sie mit Ihrem Finger den reifenden Teigling kurz anstupsen. Springt der Teig sofort in den Ausgangszustand zurück, hat er noch etwas Zeit, weiter zu reifen. Füllt sich der Eindruck schon etwas langsamer wieder auf, ist oft der perfekte Zeitpunkt zu backen. Bleibt der Eindruck bestehen oder füllt sich nun noch teilweise wieder auf, dann passt die Gare für ein Brot, das nicht mehr eingeschnitten wird. Alles darüber hinaus ist schon zu lange – das Brot wird im Ofen eher flach werden und nicht mehr aufgehen.

6 Backen

Nun kommt der große Moment: das Backen. Den Ofen sollten Sie mindestens 30 Minuten vor dem Backen auf die notwendige Temperatur vorheizen. Ist er ausreichend vorgeheizt, können Sie das Brot in den Ofen befördern (einschießen). Brote in Kastenformen stellen Sie hierzu einfach hinein.

Freigeschobene Brote sollten Sie aus praktischen Gründen mithilfe eines flachen Bretts (Einschießer) und einem Backpapier oder Dauerbackfolie in den Ofen bringen. Hierzu legen Sie die Backfolie auf den Einschießer, kippen das Brot auf die Folie und schneiden den Teigling gegebenenfalls ein. Dann öffnen Sie den Ofen und lassen das Brot samt Backfolie vom Einschießer auf den Backstein oder das umgedrehte Backblech gleiten. Dann schließen Sie sofort die Ofentür.

Unter dem Lavastein sieht man die Schwadenwanne, die für den nötigen Dampf während des Backprozesses sogt.

Nun muss in den meisten Fällen Dampf erzeugt werden. Hierzu sollten Sie eine Schwadenwanne im Ofen mit vorheizen. Diese mit Schrauben oder Lavatonsteinen gefüllte Metallschale lässt Wasser sehr rasch verdampfen, gleich einem Saunaufguss. Nehmen Sie 50 bis 70 g Wasser und gießen dieses rasch in die Schale. Schließen Sie die Ofentür sofort wieder.

Der Ofenraum sättigt sich nun mit Dampf, der auf der Brotoberfläche kondensiert und dort zum einen dafür sorgt, dass das Brot besser aufgehen kann. Zum anderen löst die Feuchtigkeit Zuckerstoffe aus dem Teig, die dann im Backprozess für eine schönere Bräunung der Brotkruste sorgen. Backen mit Dampf ist einer der wichtigsten Kniffe, um Brote zu Hause so wie in der Bäckerei herstellen zu können. Das Brot backen Sie nun bis zum gewünschten Grad der Krustenbräunung aus. Auch hier gilt wieder: Die im Rezept angegebenen Backzeiten sind nur Richtzeiten. Entscheidend ist, wie Ihr Brot im Ofen aussieht. Wird es schon zu dunkel, müssen Sie es früher herausholen. Ist es noch zu hell, backen Sie länger.

Wenn es fertig ist, holen Sie das Brot wieder mit dem Einschießer aus dem Ofen und lassen es auf einem Gitterrost auskühlen. Gegebenenfalls sprühen Sie das Brot direkt nach dem Backen mit einem Wassernebel ein. Das sorgt für einen leichten Glanz der Kruste.

Je nach Art sollte das Brot bis zu 24 Stunden auskühlen und ruhen. Weizen- und Dinkelbrote ruhen kürzer, Roggen- und vor allem Schrotbrote müssen länger ruhen, damit sie sich gut anschneiden lassen. Dann steht dem Genuss nichts mehr im Weg.

Das Bäckerlatein

Ein paar Begriffe aus der Bäckersprache fasse ich noch einmal für Sie zusammen, da sie in diesem Buch gebraucht werden.

Absteifen
Der Vorgang bei der Herstellung von Laugengebäck, bei dem Teige vor der Belaugung im Kühlschrank ohne Abdeckung reifen, damit sich die Teigoberfläche etwas verfestigt.

Abstreichen
Den Teigling vor oder nach dem Backen mit Wasser oder Glanzstreiche bestreichen.

Anstellgut/Lagersauerteig
Sauerteig, der im Kühlschrank bis zur nächsten Verwendung gelagert wird.

Ausbund
Entsteht durch Aufreißen oder kontrolliertes Einschneiden der Brotkruste während des Backens.

Ausmahlgrad
Kennzeichnet, wie viele Schalenanteile des Getreidekorns im Mehl noch vorhanden sind. Niedriger Ausmahlgrad = wenig Schalenanteile = helles Mehl. Hoher Ausmahlgrad = viel Schalenanteil = dunkles Mehl.

Backmalz
Gemälzte Gerste, Weizen oder Roggen in Pulverform oder als flüssiges Extrakt. Kann aktiv oder inaktiv sein und verbessert das Aufgehen und die Krumenfarbe.

Dehnen und falten
Während der Stockgare durchgeführtes Verfahren, um dem Teig noch mehr Stand zu verleihen.

Einschießen
Das Brot in den Ofen befördern.

Fenstertest
Weizen- oder Dinkelbrotteig zwischen den Händen so dünn ausziehen, bis Licht hindurchscheint. Wenn das klappt und der Teig nicht einreißt, ist er gut ausgeknetet.

Fingertest
Während der Stückgare den Teigling mit dem Finger leicht anstupsen. Je langsamer der Eindruck sich wieder füllt, desto reifer ist der Teig.

Gare
Die Reifezeit des Teiglings. Unterteilt sich in Stockgare (1. Gare) und Stückgare (2. Gare).

Krume
Das weiche Innere des Brotes.

Kruste
Die knusprige Haut des Brotes.

Mehltype
Auf der Mehlpackung stehende Typisierung des Mehls. Niedrige Mehltype = helles Mehl. Hohe Mehltype = dunkles Mehl (-> Ausmahlgrad).

Ofentrieb
Die Phase, in der das Brot nach dem Einschießen im Ofen aufgeht.

Rundwirken
Den Teigling straff rund formen.

Langwirken
Den Teigling straff länglich formen.

Schluss
Der Teil des Teigs, an dem beim Wirken der Teig zusammengedrückt wird.

Schüttflüssigkeit
Die Flüssigkeit, die mit dem Mehl gemischt den Teig ergibt. Zum Beispiel Wasser, Milch oder Bier.

Schwaden
Dampf im Ofen erzeugen, damit das Brot besser aufgeht.

Teigausbeute (TA)
Eine Bezeichnung für die Menge an Wasser und Mehl im Teig. Eigentlich eine Art Prozentrechnung. TA 170 meint 100 Teile Mehl und 70 Teile Wasser. Oder übersetzt: Auf 100 g Mehl kommen 70 g Wasser = 170 g Teigausbeute. Im englischsprachigen Raum wird eher „Hydratation" verwendet.

Teigeinlage
Die Menge Teig, die einen Teigling ergibt.

Teigtemperatur
Die Temperatur des Teigs nach dem Kneten und während der Reifezeit.

Gängige Mehltypen und ihre Verwendung

Weizenmehl Type 405	Kuchen, Torten, Waffeln, Kekse, Weißbrot, Pizza
Weizenmehl Type 550	Hefegebäck, Rührteig, Brötchen, Pizza, Quiche, Saucen
Weizenmehl Type 812	eher bei Bäckern gebräuchlich, z. B. für helle Brote
Weizenmehl Type 1050	Mischbrote, pikante Kuchen, herzhafte Quiche
Weizenvollkornmehl Type 1700	integrale Vollkornbrote und anderes Vollkorngebäck
Dinkelmehl Type 630	Kuchen, Waffeln, Kekse, Weißbrot und Brötchen, Rührteig
Dinkelmehl Type 812	helle Dinkel-Teigwaren, ansonsten eher für Bäckereien
Dinkelmehl Type 1050	Mischbrote, pikante Kuchen, herzhafte Quiche
Dinkelvollkornmehl Type 1700	Vollkornbrote und anderes Vollkorngebäck
Roggenmehl Type 1150	Roggenbrote und Mischbrote
Roggenmehl 1370	dunklere Roggenbrote
Roggenvollkornmehl Type 1800	integrale Vollkornbrote

Gesund und schlank mit Brot

Rezepte

Bis auf die Laugenecken eignen sich alle Rezepte zur Ernährung mit dem Ziel der Gewichtsreduktion bei **Adipositas,** bei **Diabetes mellitus** sowie bei einem **Reizdarmsyndrom.**

Wer eine **Laktose-Intoleranz** hat, tauscht Milchprodukte gegen Ersatzprodukte aus. Das geht bei jedem Rezept mit Milch problemlos.

Bei **Fruktose-Intoleranz** lassen Sie Obst und Obstprodukte bitte weg.

Wer eine **Sorbit-Intoleranz** hat, braucht sich keine Sorgen machen, weil dieses bei keinem Rezept hinzugefügt wird.

A bis Z

Besonders empfehlenswert bei folgenden Erkrankungen:

A Adipositas
D Diabetes mellitus, Zuckerkrankheit
F Fruktose-Intoleranz
H Histamin-Intoleranz
L Laktose-Intoleranz
N Nicht-Zöliakie-Weizensensitivität
R Reizdarmsyndrom
S Sorbit-Intoleranz
Z Zöliakie

Hinweise zu den Rezepten

Bevor Sie beginnen

Bitte lesen Sie sich jedes Rezept vollständig durch, bevor Sie mit dem Backen beginnen, damit Sie ein Gesamtbild vor Augen haben. In den Anleitungen stehen außerdem wichtige Hinweise, die sich auf die Zutaten beziehen.

Brot backen ist sehr speziell und wenn Sie noch keine oder nur wenig Erfahrung darin haben, einen Teig zu kneten und reifen zu lassen, dann rate ich dazu, sich im Internet erst Videos dazu anzusehen. Im Buch sind zwar viele Fotos abgebildet, die helfen sollen, die Arbeitsschritte nachzuvollziehen, aber bewegte Bilder vermitteln zusätzliche Informationen, was wann wie zu tun ist und wie der zeitliche Ablauf insgesamt aussieht.

Die richtige Reihenfolge der Zutaten

In der Zutatenliste sind die Zutaten in der Reihenfolge aufgeführt, in der sie auch in die Rührschüssel der Küchenmaschine gegeben beziehungsweise in der sie verwendet werden. Nicht alle Teigzutaten kommen gleichzeitig in die Schüssel. Was wann zum Einsatz kommt, steht in der Anleitung.

Zutatenalternativen

In der Zutatenliste stehen manche Zutaten in Klammern. Das sind Alternativen, die Sie ersatzweise verwenden können, wenn Sie die angegebene Zutat nicht vorrätig haben oder nicht verwenden möchten. Wenn Sie zum Beispiel Zutaten wie Ackerbohnenmehl nicht bestellen können oder wollen, lassen sich diese auch gegen Weizen- oder Roggenvollkornmehl austauschen. Damit fällt zwar der medizinische Zweck ihrer Anwendung weg, das Rezept lässt sich dennoch umsetzen und gelingt. Sollten Sie sich vegetarisch oder vegan ernähren, können Sie zum Beispiel alle tierischen Produkte gegen entsprechende pflanzliche Ersatzprodukte austauschen. Ich habe alle Rezepte in diesem Buch mit pflanzlichen Ersatzprodukten erfolgreich getestet. Andere Zutaten wie Brotgewürze oder Saaten zum Toppen können Sie ganz entsprechend Ihrer Vorlieben und Ernährungsgewohnheiten weglassen oder austauschen. Und je nach Triebkraft des Sauerteigs kann übrigens auf die Zugabe von Hefe verzichtet werden.

Temperatur der Zutaten

Halten Sie sich möglichst an die Temperaturangaben der Zutaten, wenn welche angegeben sind, denn die Reifezeiten der Teige können sich möglicherweise beträchtlich ändern, wenn die Teigtemperaturen abweichen. Das ist einer der Gründe, warum sich Backergebnisse bei gleichem Rezept oft deutlich unterscheiden.

Portionierung und Anzahl der Brote und Brötchen

In den Rezepten ist vermerkt, wie viel Brote oder Brötchen gebacken werden und wie schwer der Teigling oder die einzelnen Teiglinge sind. So können Sie portionieren, ohne selbst ausrechnen zu müssen, wie viel die Teiglinge wiegen sollten. Sind es zu viele Brötchen? Oder zu wenige? Dann halbieren oder verdoppeln Sie die Zutatenmengen einfach, die Backzeit bleibt bei Brötchen gleich. Wenn Sie den Teig für ein Brot halbieren möchten, müssen Sie allerdings die Backzeit entsprechend verkürzen. Möchten Sie zwei Brote backen, können Sie die Teiglinge ohne Probleme wie angegeben, aber hintereinander backen.

Runde oder ovale Brote?

Auf den Rezeptfotos ist zu sehen, ob ich ein rundes oder ein längliches Brot gebacken habe, aber das ist nicht bindend. Wenn Sie statt eines runden Gärkörbchens ein ovales haben oder umgekehrt, soll Sie das nicht hindern, das Rezept nachzubacken. Sie müssen nur möglichst darauf achten, dass ovale Brote langgewirkt und runde Brote rundgewirkt werden (siehe Seite 52). Sie können Ihrer Kreativität freien Lauf lassen und auch in einer Kastenform backen, aber eventuell müssen die Backzeiten angepasst werden.

Reifezeiten der Teige

Brotbacken ist eine Tätigkeit, bei der man nicht alle Bedingungen genau standardisieren kann. Ihre Küche ist kein Labor und Brotbacken ist ein Hobby, bei dem Sie sich keinen unnötigen Zwängen unterwerfen sollten. Zeitangaben in Rezepten sind deshalb immer nur Richtzeiten, die Sie an die Bedingungen in Ihrer Küche, an Ihre Zutaten und Ihren Kenntnisstand anpassen müssen. Achten Sie darauf, wie reif Ihr Vorteig, Sauerteig oder Hauptteig bereits ist. Sie erkennen es vor allem an der Teigspannung und am Teigvolumen (siehe vor allem Seiten 51 und 54); machen Sie am besten einen Fingertest (siehe Seiten 54 und 56). Wie in vielen Dingen, wird man auch beim Brotbacken mit der Zeit und der gesammelten Erfahrung das richtige Fingerspitzengefühl entwickeln.

Zeitplan

Jedes Rezept in diesem Buch folgt einem Zeitplan, der beispielhaft verdeutlicht, wie Sie ein Rezept in Ihren Alltag integrieren können. Dieser Zeitplan ist lediglich ein Vorschlag, von dem natürlich individuell abgewichen werden darf. Mit etwas Erfahrung können Sie die Rezepte modifizieren und an Ihren Alltag anpassen.

Der Starttermin ist bei den Rezepten frei anpassbar, die angegebenen Ruhezeiten sollten aber ungefähr eingehalten werden. Bei einer Raumtemperatur deutlich oberhalb von 24 °C sollten die Ruhezeiten verkürzt, bei einer Temperatur unter 21 °C sollten sie verlängert werden (pro 2 °C um etwa 25 Prozent).

Backutensilien

Nicht jeder hat Backstahl oder -stein, Brotschieber oder Dauerbackfolie zu Hand, sodass auch Alternativen dazu angegeben sind. Eine Dauerbackfolie, die auch hoch erhitzbar ist, sollte man sich aber dann anschaffen, wenn Laugengebäck gebacken wird, denn die Lauge zersetzt schnell das Backpapier. Auch sollten Sie Backpapier möglichst nicht bei sehr viel höheren Temperaturen verwenden, als vom Hersteller angegeben.

Sicherheitshinweis für das Arbeiten mit Lauge

Vierprozentige Natronlauge ist ätzend! Deshalb Schutzhandschuhe, Schutzbrille und Schürze tragen und auch die Arbeitsfläche schützen. Die Lauge kann zu Hautverletzungen führen und ungeeignete Materialien angreifen! Laugenperlen vor Kindern sicher lagern.

Das Brotdoc-Rezeptplus

Positive Gesundheitsaspekte
Erfahren Sie, welche besonderen Vorzüge das Rezept gegenüber herkömmlichen Brotrezepten und üblichen Handelsprodukten hat sowie bei welchen Vorerkrankungen es Vorteile bringt.

Die meisten Rezepte in diesem Buch eignen sich zur Ernährung mit dem Ziel der Gewichtsreduktion, bei Diabetes mellitus sowie bei einem Reizdarmsyndrom. Weitere Eignungen, die nur auf bestimmte Rezepte zutreffen, können zum Beispiel Histamin-Intoleranz, Glutenunverträglichkeit oder Zöliakie sein.

Beispielhafter Zeitplan
Der Starttermin ist bei den Rezepten frei anpassbar, die angegebenen Ruhezeiten sollten aber ungefähr eingehalten werden. Bei einer Raumtemperatur deutlich oberhalb von 24 °C sollten die Ruhezeiten verkürzt, bei Temperatur unter 21 °C verlängert werden (pro 2 °C um etwa 25 Prozent).

Info-Text

Unter jedem Rezeptnamen finden Sie Wissenswertes zu dem Backprodukt. Das kann etwas zur Historie sein, zu den Vorzügen oder zum Geschmack.

Liste der Krankheiten

Die Buchstaben-Kodierung ganz oben auf der Seite gibt an, bei welchen brotassoziierten Krankheiten das jeweilige Rezept geeignet ist. Die Legende dazu finden Sie auf Seite 59.

A, D, F, L, R, S

Rustikus

Dieses reine Vollkornbrot zeichnet sich durch eine besonders würzige und saftige Krume sowie durch eine gute, lange Frischhaltung aus. Die zweistufige Sauerteigführung dient in der ersten Stufe der geschmacklichen Entwicklung und Versäuerung, die zweite Stufe sorgt für eine besonders gute Triebkraft des Sauerteigs. Daher kann dieses Brot vollständig ohne Backhefe hergestellt werden, es sei denn, Ihr Anstellgut ist noch nicht triebkräftig genug. Wenn Sie frisch gemahlenes Weizenvollkornmehl verwenden, empfehle ich die Zugabe von Vitamin C in Form von Acerolakirschpulver. Das hilft, den Teig etwas straffer und voluminöser zu bekommen.

1 Brot, Teigmenge ca. 910 g

SAUERTEIG (1. STUFE)
25 g Wasser (40 °C)
3 g Sauerteig-Anstellgut (siehe Seite 46 ff.)
30 g Roggenvollkornmehl

SAUERTEIG (2. STUFE)
45 g Wasser (40 °C)
45 g Roggenvollkornmehl

AUTOLYSETEIG
315 g leitungskaltes Wasser
430 g Weizenvollkornmehl
10 g Acerolakirschpulver (nach Belieben)

HAUPTTEIG
12 g Salz
2 g frische Hefe (nach Bedarf; entspricht etwa 2 Erbsen)
Pflanzenöl zum Einfetten
Roggen- oder Weizenvollkornmehl zum Bemehlen

AUSSERDEM
Backstahl oder -stein (oder umgedrehtes Backblech)
Teigwanne mit Deckel
Gärkörbchen
Dauerbackfolie (oder Backpapier)
Brot- oder Pizzaschieber (alternativ großes Küchenbrett)

VORTAG ❶ SAUERTEIG (1. STUFE) Zutaten in eine Schüssel geben, mit einem Löffel gut vermischen, abdecken und bei Raumtemperatur 8–10 Stunden reifen lassen.
BACKTAG ❷ SAUERTEIG (2. STUFE) Den Backofen mit Backstahl oder -stein bei Ober-/Unterhitze auf 30 °C vorheizen. Die Zutaten in die Schüssel mit der ersten Sauerteigstufe geben, unterrühren, abdecken, in den vorgeheizten Ofen geben, diesen ausschalten und etwa 3 Stunden reifen lassen (die Temperatur fällt nur sehr langsam ab). ❸ AUTOLYSETEIG Nach etwa 2 ½ Stunden Sauerteigreifezeit die Zutaten für den Autolyseteig in die Rührschüssel der Küchenmaschine geben und mit dem Knethaken bei langsamer Geschwindigkeit vermischen, bis keine Mehlreste mehr zu sehen sind. (Alternativ von Hand mischen.) Die Schüssel abdecken und den Vorteig bei Raumtemperatur etwa 30 Minuten ruhen lassen. ❹ HAUPTTEIG Salz und eventuell Hefe in die Rührschüssel zum Autolyseteig geben, die zweite Sauerteigstufe hinzufügen und mit dem Knethaken 8–10 Minuten zu einem glatten Teig kneten, dabei mit langsamer Geschwindigkeit beginnen und nach 2–3 Minuten auf mittlere Stufe stellen. (Alternativ von Hand mit der Grundmethode 20–25 Minuten kneten.) ❺ Teig in die eingeölte Teigwanne geben, abdecken und bei 25–28 °C (Tipp siehe Seite 113) 3–4 Stunden reifen lassen, dabei je nach Stand des Teiges (wenn er zum Beispiel die Form nicht behält) nach 30 Minuten ein- bis zweimal dehnen und falten. ❻ Teig auf die bemehlte Arbeitsfläche geben, rund vorformen und zum Entspannen etwa 20 Minuten abgedeckt ruhen lassen. Dann straff rundwirken und dabei etwas Mehl in den Schluss einwirken. Mit dem Schluss nach unten in das bemehlte Gärkörbchen legen, abdecken und bei Raumtemperatur etwa 60 Minuten reifen lassen. ❼ Inzwischen den Backofen mit Backstahl oder -stein (mittlere Schiene) auf 240 °C Ober-/Unterhitze vorheizen. ❽ Den Teigling auf den mit einer Dauerbackfolie belegten Brotschieber stürzen, samt Dauerbackfolie in den vorgeheizten Ofen einschießen und sofort mit 50–60 ml Wasser beschwaden. Die Temperatur auf 210 °C reduzieren und 55–60 Minuten kräftig backen. ❾ Aus dem Ofen nehmen und das Brot auf einem Küchengitter gut auskühlen lassen.

6
Seite 96

Nährwerte
pro Scheibe: 109 kcal, F 1 | KH 20 | B 4 | EW 4
pro 100 g: 182 kcal, F | KH 34 | B 6 | EW 6

Allergene
Weizen, Roggen, Gluten, evtl. Hefe

95

Step-Fotos

Die Zahl unter dem Kamerasymbol verrät, wo es bebilderte Anleitungen zu dem Step gibt. Die kleine Zahl im Piktogramm sagt aus, auf welchen Step es sich im Rezept bezieht.

Allergene

Die Angaben zu möglichen allergenen Inhaltsstoffen sind wichtig für Menschen mit Intoleranzen. So lässt sich schnell entscheiden, ob das Rezept geeignet ist.

Nährwerte

Unter jedem Rezept finden Sie Angaben zu den Nährwerten: Kilokalorien pro 100 g und pro Scheibe, dazu die Fett-, Kohlenhydrat-, Ballaststoff- und Eiweißangabe in Gramm.

A, D, F, L, R, S

Mediterranes Bauernbrot

Ein wunderbar einfaches Bauernbrot aus Dinkel und Weizen, das zweistufig hergestellt wird. Das heißt, dass die Hälfte des Mehls schon im fest geführten Vorteig reift. Dieser Vorteig, im Italienischen „Biga“ genannt, ist dann das einzige Triebmittel des restlichen Teiges. Durch die große Vorteigmenge entwickelt das Brot ein einzigartiges Aroma und eine schön lockere Krumenporung.

1 Brot, Teigmenge ca. 855 g

BIGA

135 g leitungskaltes Wasser
0,5 g frische Hefe (entspricht etwa 1 sehr kleinen Erbse)
255 g Dinkelvollkornmehl

HAUPTTEIG

200 g leitungskaltes Wasser
255 g Weizenmehl Type 550 plus etwas zum Bemehlen
12 g Salz
Pflanzenöl zum Einfetten

AUSSERDEM

Teigwanne mit Deckel
Gärkörbchen
Backstahl oder -stein (alternativ umgedrehtes Backblech)
Dauerbackfolie (alternativ Backpapier)
Brot- oder Pizzaschieber (alternativ großes Küchenbrett)

VORTAG ❶ **BIGA** Die Zutaten in die Rührschüssel der Küchenmaschine geben, mit dem Knethaken bei langsamer Geschwindigkeit 2–3 Minuten zu einem festen Teig mischen. Die Schüssel abdecken und den Biga bei Raumtemperatur etwa 12 Stunden (oder 10–14 Stunden) reifen lassen. (Alternativ per Hand mit einem Spachtel vermischen.)

BACKTAG ❷ **HAUPTTEIG** Wasser, Mehl und Salz in die Rührschüssel der Küchenmaschine geben, den Biga in kleine Stücke reißen, hinzufügen und mit dem Knethaken 7–10 Minuten zu einem glatten weichen Teig kneten, der sich von der Schüssel löst, dabei mit langsamer Geschwindigkeit beginnen und nach 2–4 Minuten auf mittlere Stufe stellen. (Alternativ von Hand mit der Grundmethode etwa 20 Minuten kneten.) Den Teig in die eingeölte Teigwanne geben und bei Raumtemperatur etwa 90 Minuten reifen lassen, dabei nach etwa 30 Minuten einmal dehnen und falten. ❸ Den Teig auf die bemehlte Arbeitsfläche stürzen, rund vorformen und zum Entspannen etwa 20 Minuten abgedeckt ruhen lassen. Dann langwirken, mit Schluss nach oben in das bemehlte Gärkörbchen geben, abdecken und 50–60 Minuten ruhen lassen. ❹ Inzwischen den Backofen mit Backstahl oder Backstein (mittlere Schiene) auf 250 °C Ober-/Unterhitze vorheizen. ❺ Den Teigling auf den mit der Dauerbackfolie belegten Brotschieber stürzen und mehrmals einschneiden. Samt Dauerbackfolie in den vorgeheizten Ofen einschießen, mit 60–70 ml Wasser beschwaden, die Temperatur auf 210 °C reduzieren und 50–55 Minuten backen. ❻ Herausnehmen, das Brot mit Wasser einsprühen und auf einem Küchengitter auskühlen lassen.

Beispielhafter Zeitplan

Vortag	20:00	Biga herstellen
Backtag	08:00	Hauptteig kneten
	08:45	Teig dehnen und falten
	09:45	Teigling vorformen
	10:10	Teigling langwirken, ins Gärkörbchen geben
	10:45	Ofen vorheizen
	11:15	Teigling einschneiden, beschwaden, backen

Nährwerte

pro Scheibe: 121 kcal, F 1 | KH 24 | B 2 | EW 4
pro 100 g: 202 kcal, F 1 | KH 40 | B 4 | EW 7

Allergene

Dinkel, Weizen, Hefe, Histamin

POSITIVE GESUNDHEITSASPEKTE

+ langsamerer Blutzuckeranstieg
+ hoher Ballaststoffgehalt
+ lange sättigend
+ gute Bekömmlichkeit

BESONDERS GEEIGNET BEI

+ Adipositas
+ Diabetes mellitus
+ Reizdarmsyndrom

Buttermilchsemmeln

Diese Buttermilchsemmeln fallen optisch besonders ins Auge. Durch die spezielle Einschneidetechnik mit einer Schere ähneln die Semmeln nach dem Backen einer Blüte. 30 Prozent Vollkornmehl und ein Brühstück machen sie besonders haltbar und saftig in der Krume.

9 Semmeln,
Teigmenge ca. 105 g pro Stück

POOLISH
100 g leitungskaltes Wasser
100 g Weizenvollkornmehl
0,1 g frische Hefe

BRÜHSTÜCK
100 g kochendes Wasser
50 g Weizenvollkornmehl
12 g Salz

HAUPTTEIG
250 g Buttermilch
350 g Weizenmehl Type 550 plus etwas zum Bemehlen
10 g Honig oder Dattelsirup
5 g frische Hefe
Pflanzenöl zum Einfetten

AUSSERDEM
Teigwanne mit Deckel
Backstahl oder -stein (alternativ umgedrehtes Backblech)
Dauerbackfolie (alternativ Backpapier)
Brot- oder Pizzaschieber (alternativ großes Küchenbrett)

VORTAG ❶ **POOLISH** Zutaten in einer Schüssel mit einem Löffel gut vermischen, abdecken und bei Raumtemperatur etwa 12 Stunden (oder 10–14 Stunden) ruhen lassen. ❷ **BRÜHSTÜCK** Die Zutaten in eine Schüssel geben, sofort gut vermischen und abgedeckt bei Raumtemperatur etwa 12 Stunden (oder 10–14 Stunden) ruhen lassen. **BACKTAG** ❸ **HAUPTTEIG** Buttermilch, Mehl, Honig und Hefe in die Rührschüssel der Küchenmaschine geben, Poolish und Brühstück hinzufügen und mit dem Knethaken 8–12 Minuten zu einem glatten Teig kneten, dabei mit langsamer Geschwindigkeit beginnen und nach 2–4 Minuten auf mittlere Stufe stellen. (Alternativ von Hand mit der Grundmethode 20–25 Minuten kneten.) Den Teig in die eingeölte Teigwanne legen, abdecken und bei Raumtemperatur etwa 90 Minuten reifen lassen. ❹ Den Teig auf die bemehlte Arbeitsfläche stürzen und in neun Stücke (à etwa 105 g) teilen. Nacheinander rundschleifen, rundum in Roggenmehl wälzen und (Schluss unten) mit einer Küchenschere dreimal so einschneiden, dass ein dreizackiger Stern entsteht. Dann mit den Einschnitten nach unten auf ein Küchentuch legen, mit einem zweiten Tuch abdecken und bei Raumtemperatur 60–70 Minuten reifen lassen. ❺ Den Backofen mit Backstahl oder -stein (mittlere Schiene) auf 240 °C Heißluft oder Umluft vorheizen. ❻ Die Teiglinge mit den Einschnitten nach oben auf den mit der Dauerbackfolie belegten Brotschieber legen, samt Dauerbackfolie in den vorgeheizten Ofen einschießen, sofort mit 50–60 ml Wasser beschwaden und 18–20 Minuten backen. ❼ Aus dem Ofen nehmen, die Brötchen mit Wasser besprühen und auf einem Küchengitter abkühlen lassen.

Beispielhafter Zeitplan

Vortag	20:00	Poolish und Brühstück herstellen
Backtag	08:00	Hauptteig kneten
	09:45	Teiglinge abstechen, rundschleifen, wälzen, einschneiden
	10:40	Ofen vorheizen
	11:10	evtl. bestreuen, beschwaden, backen

Nährwerte
pro Stück: 201 kcal, F 1 | KH 40 | B 4 | EW 7
pro 100 g: 192 kcal, F 1 | KH 38 | B 4 | EW 7

Allergene
Weizen, Gluten, Laktose/Milcheiweiß, evtl. Honig, evtl. Dattel, Hefe, Histamin, evtl. Mohn, evtl. Sesam

POSITIVE GESUNDHEITSASPEKTE

- langsamer Blutzuckeranstieg
- hoher Ballaststoffgehalt
- lange Sättigung
- hoher Proteingehalt

BESONDERS GEEIGNET BEI

- Adipositas
- Diabetes mellitus
- Reizdarmsyndrom

POSITIVE GESUNDHEITSASPEKTE

+ hoher Ballaststoffgehalt
+ lange sättigend
+ arm an FODMAPs*

BESONDERS GEEIGNET BEI

+ Adipositas
+ Diabetes mellitus
+ Reizdarmsyndrom

A, D, F, L, R, S

Baguettebrötchen

Mit diesem Rezept backen Sie knusprige und leckere Baguettebrötchen. Durch einen Vollkorn-Vorteig und eine gute Fermentation der Teigbestandteile bekommen die Brötchen einen intensiveren Getreidegeschmack im Vergleich zu einem reinen Weißmehlteig.

9 Brötchen,
Teigmenge ca. 100 g pro Stück

POOLISH

100 g leitungskaltes Wasser
100 g Weizenvollkornmehl
0,2 g frische Hefe (entspricht etwa 2 reiskorngroßen Stücken)

HAUPTTEIG

250 g leitungskaltes Wasser
440 g Weizenmehl Type 550 plus etwas zum Bemehlen
12 g Salz
5 g Gerstenmalz aktiv (nach Belieben)
5 g frische Hefe

AUSSERDEM

Backstahl oder -stein (alternativ umgedrehtes Backblech)
Dauerbackfolie (oder Backpapier)
Brot- oder Pizzaschieber (alternativ großes Küchenbrett)

* **FODMAP** (deutsch: fermentierbare Oligo-, Di-, Monosaccharide und Polyole; vereinfacht etwa vergärbare Mehrfach-, Zweifach-, Einfachzucker und mehrwertige Alkohole) – eine Gruppe von Kohlenhydraten und Zuckeralkoholen, die in vielen Nahrungsmitteln vorkommen und im Dünndarm nur schlecht resorbiert werden.

VORTAG ❶ **POOLISH** Die Zutaten mit einem Löffel in einer Schüssel gut vermischen, abdecken und bei Raumtemperatur etwa 12 Stunden (oder 10–14 Stunden) ruhen lassen.

BACKTAG ❷ **HAUPTTEIG** Die Zutaten in die Schüssel der Küchenmaschine geben, den Poolish hinzufügen und mit dem Knethaken 8–12 Minuten zu einem glatten Teig kneten, dabei mit langsamer Geschwindigkeit beginnen und nach 2–4 Minuten auf mittlere Stufe stellen. (Alternativ von Hand mit der Grundmethode 20–30 Minuten kneten.) Die Schüssel abdecken und den Teig bei Raumtemperatur etwa 60 Minuten ruhen lassen. ❸ Den Teig auf der bemehlten Arbeitsfläche in 18 gleich große Stücke (à etwa 50 g) teilen, jeweils rundschleifen, abdecken und 5–10 Minuten ruhen lassen. ❹ Dann die Teiglinge zu ovalen, 10–12 cm langen Fladen ausrollen. Jeweils zwei Fladen übereinanderlegen, an einer Längsseite andrücken und von dieser Seite her zu einem Zylinder aufrollen. Mit dem Schluss nach unten (der Schluss soll später beim Backen rustikal aufreißen) mit Abstand auf ein Küchentuch legen, mit einem zweiten Tuch abdecken und bei Raumtemperatur etwa 60 Minuten reifen lassen. ❺ Inzwischen den Backofen mit Backstahl oder -stein (mittlere Schiene) auf 240 °C Heißluft oder Umluft gut vorheizen. ❻ Die Teiglinge mit dem Schluss nach oben auf den mit der Dauerbackfolie belegten Brotschieber setzen, samt Dauerbackfolie in den vorgeheizten Ofen einschießen, sofort mit 50–60 ml Wasser beschwaden und 18–20 Minuten backen. ❼ Aus dem Ofen nehmen, die Brötchen sofort mit Wasser besprühen und auf einem Küchengitter auskühlen lassen.

④ Seite 70

Beispielhafter Zeitplan

Vortag	19:00	Poolish herstellen
Backtag	07:00	Hauptteig kneten
	08:15	Teiglinge abstechen, rundschleifen
	08:30	Teiglinge ausrollen, formen
	09:45	beschwaden, backen

Nährwerte

pro Stück (100 g): 206 kcal, F 1 | KH 42 | B 4 | EW 7

Allergene

Weizen, Gluten, Hefe, Histamin, evtl. Gerste

Komplettes Rezept auf Seite 69

Baguettebrötchen

Step 4

Die Teiglinge zu ovalen, 10–12 cm langen Fladen ausrollen. Jeweils zwei Fladen übereinanderlegen, an einer Längsseite andrücken und von dieser Seite her zu einem Zylinder aufrollen. Mit dem Schluss nach unten mit Abstand auf ein Küchentuch legen, mit einem zweiten Tuch abdecken und bei Raumtemperatur etwa 60 Minuten reifen lassen.

Komplettes Rezept auf Seite 73

Vollkornwecken

Step 3

Den Teig auf die bemehlte Arbeitsfläche stürzen, zehn Teiglinge (à etwa 115 g) abstechen, rundschleifen, dann langwirken. Die Oberflächen mit Roggenmehl bestäuben, die Teiglinge mit einem Essstäbchen längs tief eindrücken, mit den Einkerbungen nach unten jeweils drei bis vier Teiglinge pro Reihe nebeneinander auf das Tuch legen und dabei das Tuch zwischen den Reihen etwas hochziehen.

POSITIVE GESUNDHEITSASPEKTE

+ hoher Proteingehalt
+ mehr Ballaststoffe
+ lange sättigend

BESONDERS GEEIGNET BEI

+ Adipositas
+ Diabetes mellitus
+ Reizdarmsyndrom

Beispielhafter Zeitplan

Vortag	07:00	Poolish herstellen
	19:00	Hauptteig kneten
	20:45	Teiglinge abstechen, rundschleifen, langwirken, einkerben, kalt stellen
Backtag	08:00	Ofen vorheizen
	08:30	beschwaden, backen

A, D, F, R, S

Vollkornwecken

Eiweißreicher Quark und viele gute Nährstoffe aus dem vollen Korn kombinieren sich bei diesem Rezept zu einem schmackhaften Frühstücksbrötchen, das lange sättigt und toll aussieht. Die lange Reifezeit des Teiges gibt dem Vollkorn genug Zeit zum Quellen und zum Abbau von Reizstoffen.

10 Brötchen,
Teigmenge ca. 115 g pro Stück

POOLISH

120 g Wasser
100 g Weizenvollkornmehl
0,1 g frische Hefe

HAUPTTEIG

25 g Wasser
500 g Quark (20 % Fett)
350 g Weizenvollkornmehl
50 g Weizenmehl Type 550
4 g frische Hefe
12 g Salz
Roggenmehl Type 1370 zum Bemehlen

AUSSERDEM

Backstahl oder -stein (alternativ umgedrehtes Backblech)
Dauerbackfolie (alternativ Backpapier)
Brot- oder Pizzaschieber (alternativ großes Küchenbrett)

Tipp Die Brötchen können ernährungsphysiologisch aufgewertet werden, indem man noch 15 g Leinöl zum Hauptteig gibt. Zum Bemehlen ist hier Roggenmehl vorzuziehen, weil es nicht so stark verklebt. Falls keins vorhanden ist, kann man aber auch ein anderes Mehl nehmen.

VORTAG 1 **POOLISH** Die Zutaten in die Rührschüssel der Küchenmaschine geben, mit einem Löffel gründlich verrühren, abdecken und bei Raumtemperatur etwa 12 Stunden (oder 10–14 Stunden) ruhen lassen. 2 **HAUPTTEIG** Wasser, Quark, beide Mehle, Hefe und Salz zum Poolish in die Rührschüssel geben und mit dem Knethaken 10–12 Minuten zu einem glatten Teig kneten, dabei mit langsamer Geschwindigkeit beginnen und nach 3–4 Minuten auf mittlere Stufe stellen. (Alternativ von Hand mit der Grundmethode 20–25 Minuten kneten.) Die Schüssel abdecken und den Teig etwa 90 Minuten reifen lassen. 3 Ein Backblech mit einem großen Küchentuch locker auslegen und mit Roggenmehl bemehlen. Den Teig auf die bemehlte Arbeitsfläche stürzen, zehn Teiglinge (à etwa 115 g) abstechen, rundschleifen, dann langwirken. Die Oberflächen mit Roggenmehl bestäuben, die Teiglinge mit einem Essstäbchen längs tief eindrücken, mit den Einkerbungen nach unten je drei bis vier Teiglinge pro Reihe nebeneinander auf das Tuch legen und dabei das Tuch zwischen den Reihen etwas hochziehen. Die Tuchenden über die Teiglinge klappen, eine große Kunststofftüte über das Blech ziehen und im Kühlschrank bei 5 °C etwa 11 Stunden (oder 10–14 Stunden) reifen lassen. (Alternativ können die Teiglinge auch ohne kalte Stückgare reifen. Bei Raumtemperatur benötigen sie etwa 60 Minuten.)

3 Seite 71

BACKTAG 4 Den Backofen mit Backstahl oder -stein (mittlere Schiene) auf 240 °C Heißluft oder Umluft vorheizen. 5 Die Teiglinge einzeln mit den Einkerbungen nach oben nebeneinander auf den mit einer Dauerbackfolie belegten Brotschieber legen, samt Dauerbackfolie in den vorgeheizten Ofen einschießen, mit 50–60 ml Wasser beschwaden und 18–20 Minuten backen. 6 Herausnehmen und die Brötchen auf einem Küchengitter auskühlen lassen.

Nährwerte
pro Stück: 220 kcal, F 4 | KH 32 | B 6 | EW 12
pro 100 g: 191 kcal, F 3 | KH 28 | B 5 | EW 10

Allergene
Weizen, Roggen, Gluten, Laktose/Milcheiweiß, Hefe, Histamin

POSITIVE GESUNDHEITSASPEKTE

+ geringerer Blutzuckeranstieg
+ ballaststoffreich
+ viele Mikronährstoffe
+ lange sättigend

BESONDERS GEEIGNET BEI

+ Adipositas
+ Diabetes mellitus
+ Reizdarmsyndrom

A, D, F, L, R, S

Erdäpfelbrot

Als eines der wichtigsten Nahrungsmittel der Menschheit werden Kartoffeln weltweit angebaut und in vielen verschiedenen Formen zubereitet. Auch in Brotteigen sind Kartoffeln eine sinnvolle Zutat. Sie verbessern nämlich durch ihren hohen Wassergehalt die Saftigkeit der Brotkrume und damit die Frischhaltung. Nennenswert ist auch der hohe Gehalt an Vitamin B_6 und Vitamin C. Ihr erdiger Geschmack in Kombination mit den Aromen gut gereiften Brotteiges schafft eine herzhafte Abwechslung auf dem Frühstückstisch.

1 Brot, Teigmenge ca. 915 g

GESÄUERTER VORTEIG

75 g leitungskaltes Wasser
4 g Sauerteig-Anstellgut (siehe Seite 46 ff.)
0,1 g frische Hefe (reiskorngroßes Stück)
75 g Weizenvollkornmehl

HAUPTTEIG

125 g gekochte Kartoffeln
205 g leitungskaltes Wasser
45 g Roggenvollkornmehl
360 g Weizenmehl Type 1050 plus etwas zum Bemehlen
4 g frische Hefe
11 g Salz
15 g Butter oder Margarine
Pflanzenöl zum Einfetten

AUSSERDEM

Teigwanne mit Deckel
Gärkörbchen
Backstahl oder -stein (alternativ umgedrehtes Backblech)
Dauerbackfolie (oder Backpapier)
Brot- oder Pizzaschieber (alternativ großes Küchenbrett)

VORTAG ❶ **GESÄUERTER VORTEIG** Die Zutaten in eine Schüssel geben, mit einem Löffel vermischen, abdecken und bei Raumtemperatur etwa 12 Stunden (oder 10–14 Stunden) reifen lassen.

BACKTAG ❷ **HAUPTTEIG** Die Kartoffeln zerdrücken, mit Wasser, beiden Mehlen, Hefe, Salz und Butter in die Rührschüssel der Küchenmaschine geben, den Vorteig hinzufügen und mit dem Knethaken 10–12 Minuten zu einem glatten weichen Teig kneten, der sich von der Schüssel löst, dabei mit langsamer Geschwindigkeit beginnen und nach 3–4 Minuten auf mittlere Stufe stellen. (Alternativ von Hand mit der Grundmethode 25–30 Minuten kneten.) Den Teig in die eingeölte Teigwanne geben, abdecken und bei Raumtemperatur etwa 2 Stunden reifen lassen, dabei nach etwa 30 Minuten einmal dehnen und falten. ❸ Den Teig auf die bemehlte Arbeitsfläche stürzen, rund vorformen und zum Entspannen etwa 20 Minuten abgedeckt ruhen lassen. Dann rundwirken, mit dem Schluss nach oben in das bemehlte Gärkörbchen geben und bei Raumtemperatur 50–60 Minuten reifen lassen. ❹ Inzwischen den Backofen mit Backstahl oder -stein (mittlere Schiene) auf 240 °C Ober-/Unterhitze vorheizen. ❺ Den Teigling auf den mit der Dauerbackfolie belegten Brotschieber stürzen, kreuzförmig einschneiden, samt Dauerbackfolie in den vorgeheizten Backofen einschießen und mit 60–70 ml Wasser beschwaden. Temperatur auf 210 °C reduzieren und 55–60 Minuten backen. ❻ Herausnehmen und das Brot auf einem Küchengitter abkühlen lassen.

Beispielhafter Zeitplan

Vortag	20:00	Vorteig herstellen
Backtag	07:00	Kartoffeln kochen, zerdrücken, abkühlen lassen
	08:00	Hauptteig kneten
	08:45	Teig dehnen und falten
	10:15	Teigling vorformen
	10:40	Teigling rundwirken, ins Gärkörbchen geben
	11:15	Ofen vorheizen
	11:45	Teigling einschneiden, beschwaden, backen

Nährwerte

pro Scheibe: 120 kcal, F 1 | KH 22 | B 2 | EW 4
pro 100 g: 200 kcal, F 2 | KH 36 | B 3 | EW 7

Allergene

Weizen, Roggen, Gluten, Kartoffel, Hefe, Histamin, evtl. Laktose/Milcheiweiß

Haferbrühbrot

Ein vollwertiges und sehr gut sättigendes Roggenmischbrot mit hervorragender Frischhaltung. Besonders wertvoll wird es durch die gesunden Inhaltsstoffe aus dem Hafer. Sämtliche Flüssigkeit steckt hier schon in den Vorteigen, die auch das einzige Triebmittel des Brotes sind. Für mich ist es eines der interessantesten Rezepte in diesem Buch.

1 Brot, Teigmenge ca. 1.290 g

SAUERTEIG
240 g Wasser (40 °C)
24 g Sauerteig-Anstellgut (siehe Seite 46 ff.)
240 g Roggenvollkornmehl

POOLISH
60 g leitungskaltes Wasser
60 g Weizenvollkornmehl
0,1 g frische Hefe

BRÜHSTÜCK
60 g grobe Haferflocken (alternativ Gerstenflocken oder Hirseflocken)
220 g kochendes Wasser

HAUPTTEIG
240 g Roggenvollkornmehl plus etwas zum Bemehlen
120 g Weizenvollkornmehl
15 g Roggenmalzmehl (nach Belieben)
14 g Salz
3–4 EL g grobe Haferflocken zum Wälzen

AUSSERDEM
Gärkörbchen
Backstahl oder -stein (alternativ umgedrehtes Backblech)
Dauerbackfolie (oder Backpapier)
Brot- oder Pizzaschieber (alternativ großes Küchenbrett)

VORTAG ❶ **SAUERTEIG** Die Zutaten in eine Schüssel geben, mit einem Löffel gut vermischen, abdecken und bei Raumtemperatur etwa 12 Stunden (oder 10–14 Stunden) reifen lassen. ❷ **POOLISH** Die Zutaten in einer Schüssel gut vermischen, abdecken und bei Raumtemperatur etwa 12 Stunden (oder 10–14 Stunden) ruhen lassen.

BACKTAG ❸ **BRÜHSTÜCK** 30–40 Minuten vor der Herstellung des Hauptteiges die Haferflocken in eine Schüssel geben und mit dem kochenden Wasser übergießen, umrühren und bei Raumtemperatur etwa 30 Minuten abkühlen lassen (das Brühstück sollte noch warm sein). ❹ **HAUPTTEIG** Alle Mehle und Salz in die Rührschüssel der Küchenmaschine geben, Sauerteig, Poolish und das noch leicht warme Brühstück hinzufügen und mit dem Knethaken 8–10 Minuten zu einem glatten Teig verkneten, dabei mit langsamer Geschwindigkeit beginnen und nach 2–3 Minuten auf mittlere Stufe stellen. (Alternativ von Hand mit der Grundmethode 10–12 Minuten kneten, dabei das Brühstück gleich zu Beginn hinzugeben.) Die Schüssel abdecken und den Teig bei Raumtemperatur etwa 10 Minuten ruhen lassen. ❺ Den Teig auf die bemehlte Arbeitsfläche stürzen, den Teigling langwirken, mit Wasser befeuchten und rundum in den Haferflocken wälzen. Mit dem Schluss nach unten in das bemehlte Gärkörbchen legen und ohne abzudecken bei Raumtemperatur 70–90 Minuten reifen lassen (dabei sollten sich etwa 5 mm breite Risse auf der Oberfläche bilden). ❻ Inzwischen den Backofen mit Backstahl/-stein (mittlere Schiene) auf 240 °C Ober-/Unterhitze vorheizen. ❼ Teigling mit einer raschen Bewegung aus dem Gärkörbchen auf den mit der Dauerbackfolie belegten Brotschieber lupfen, sodass der Schluss unten bleibt. Samt Dauerbackfolie in den vorgeheizten Backofen einschießen und nach 1 Minute mit 50–60 ml Wasser beschwaden, die Temperatur auf 210 °C reduzieren und 55–60 Minuten kräftig backen. ❽ Herausnehmen und das Brot auf einem Küchengitter gut auskühlen lassen.

Nährwerte
pro Scheibe: 111 kcal, F 1 | KH 21 | B 1 | EW 4
pro 100 g: 185 kcal, F 1 | KH 36 | B 2 | EW 6

Allergene
Roggen, Weizen, Gluten, Hafer, Hefe, Histamin

Beispielhafter Zeitplan

Vortag	19:45	Sauerteig und Poolish herstellen
Backtag	07:00	Brühstück herstellen
	07:45	Hauptteig kneten
	08:10	Teigling langwirken, wälzen, ins Gärkörbchen geben
	09:00	Ofen vorheizen
	09:30	beschwaden, backen

POSITIVE GESUNDHEITSASPEKTE

+ langsamer Blutzuckeranstieg
+ viele Ballaststoffe
+ lange sättigend
+ viele Mikronährstoffe

BESONDERS GEEIGNET BEI

+ Adipositas
+ Diabetes mellitus
+ Reizdarmsyndrom

POSITIVE GESUNDHEITSASPEKTE

+ hoher Ballaststoffgehalt
+ langsamerer Blutzuckeranstieg
+ lange sättigend

BESONDERS GEEIGNET BEI

+ Adipositas
+ Diabetes mellitus
+ Reizdarmsyndrom

Beispielhafter Zeitplan

Vortag	20:00	Sauerteig und Brühstück herstellen
Backtag	08:00	Hauptteig kneten
	08:45	Teig dehnen und falten
	09:45	Teigling vorformen
	10:10	Teigling langwirken, ins Gärkörbchen geben
	10:40	Ofen vorheizen
	11:10	Teigling einschneiden, beschwaden, backen

Maisbrot

Bei diesem Brot wird das Brühstück aus Maismehl hergestellt. Mais spielt als Brotgetreide in Europa keine wesentliche Rolle, ist aber vor allem in Lateinamerika und Afrika für viele Menschen ein Grundnahrungsmittel. Er liefert dem Körper neben Kohlenhydraten auch Vitamine, vor allem Vitamin E, sowie ungesättigte Fettsäuren. Durch das Brühstück werden die Frischhaltung und der Geschmack verbessert.

1 Brot,
Teigmenge ca. 900 g

SAUERTEIG

45 g Wasser (40 °C)
4 g Sauerteig-Anstellgut (siehe Seite 46 ff.)
45 g Roggenvollkornmehl

BRÜHSTÜCK

100 g Maisgrieß (Polenta)
10 g Salz
140 g kochendes Wasser

HAUPTTEIG

190 g leitungskaltes Wasser
160 g Weizenvollkornmehl
195 g Weizenmehl Type 550 plus etwas zum Bemehlen
5 g frische Hefe
10 g Butter oder Margarine
Pflanzenöl zum Einfetten

AUSSERDEM

Teigwanne mit Deckel
Gärkörbchen
Backstahl oder -stein (alternativ umgedrehtes Backblech)
Dauerbackfolie (oder Backpapier)
Brot- oder Pizzaschieber (alternativ großes Küchenbrett)

VORTAG ❶ **SAUERTEIG** Die Zutaten in eine Schüssel geben, mit einem Löffel gut vermischen, abdecken und bei Raumtemperatur etwa 12 Stunden (oder 10–14 Stunden) reifen lassen. ❷ **BRÜHSTÜCK** Maisgrieß und Salz in eine Schüssel geben, mit Wasser übergießen, gut verrühren und bei Raumtemperatur etwa 12 Stunden (oder 10–14 Stunden) quellen lassen.

BACKTAG ❸ **HAUPTTEIG** Wasser, beide Mehle, Hefe und Butter in die Rührschüssel der Küchenmaschine geben, Sauerteig und Brühstück hinzufügen und mit dem Knethaken 7–10 Minuten glatt kneten, bis der weiche Teig sich von der Schüssel löst, dabei mit langsamer Geschwindigkeit beginnen, nach 2–3 Minuten auf mittlere und nach weiteren 2–4 Minuten auf hohe Stufe stellen. (Alternativ von Hand mit der Grundmethode 12–14 Minuten kneten.) Den Teig in die eingeölte Teigwanne geben, abdecken und bei Raumtemperatur etwa 90 Minuten reifen lassen, dabei nach etwa 30 Minuten einmal dehnen und falten. ❹ Auf die bemehlte Arbeitsfläche geben, den Teig rund vorformen und zum Entspannen etwa 20 Minuten abgedeckt ruhen lassen. Dann langwirken, mit dem Schluss nach oben in das bemehlte Gärkörbchen geben, abdecken und 50–60 Minuten ruhen lassen. ❺ Inzwischen den Backofen mit Backstahl oder -stein (mittlere Schiene) auf 240 °C Ober-/Unterhitze vorheizen. ❻ Den Teigling auf den mit der Dauerbackfolie belegten Brotschieber stürzen und zweimal schräg einschneiden. Samt Dauerbackfolie in den vorgeheizten Backofen einschießen, mit 60–70 ml Wasser beschwaden, die Temperatur auf 210 °C reduzieren und 50–55 Minuten backen. ❼ Aus dem Ofen nehmen, das Maisbrot mit Wasser einsprühen und auf einem Küchengitter auskühlen lassen.

Nährwerte

pro Scheibe: 117 kcal, F 1 | KH 23 | B 2 | EW 3
pro 100 g: 194 kcal, F 2 | KH 38 | B 3 | EW 6

Allergene

Weizen, Roggen, Gluten, Mais, Hefe, Histamin, ggf. Laktose/Milcheiweiß

POSITIVE GESUNDHEITSASPEKTE

+ geringer Blutzuckeranstieg
+ lange sättigend

BESONDERS GEEIGNET BEI

+ Adipositas
+ Diabetes mellitus
+ Reizdarmsyndrom

A, D, F, L, R, S

Haferwecken

Hafer war früher eines der wichtigsten Nährgetreide des Menschen. Interessant sind beim Hafer insbesondere die zu den sekundären Pflanzenstoffen zählenden Beta-Glucane. Diese können den Blutzuckerspiegel positiv beeinflussen. In diesem Rezept wird der Hafer als Quellstück in einem Frühstücksbrötchen eingesetzt. Kombiniert mit der langen kalten Reifezeit entstehen leckere Wecken mit Zusatznutzen.

9 Brötchen,
Teigmenge ca. 90 g pro Stück

POOLISH

90 g leitungskaltes Wasser
90 g Weizenvollkornmehl
0,1 g frische Hefe

QUELLSTÜCK

80 g leitungskaltes Wasser
80 g grobe Haferflocken

HAUPTTEIG

145 g leitungskaltes Wasser
300 g Weizenmehl Type 550 plus etwas zum Bemehlen
12 g Salz
4 g frische Hefe
4–5 EL grobe Haferflocken zum Wälzen

AUSSERDEM

Backstahl oder -stein (alternativ umgedrehtes Backblech)
Dauerbackfolie (oder Backpapier)
Brot- oder Pizzaschieber (alternativ großes Küchenbrett)

VORTAG ❶ **POOLISH** Die Zutaten in eine Schüssel geben, mit einem Löffel gut vermischen, abdecken und bei Raumtemperatur etwa 12 Stunden (oder 10–14 Stunden) ruhen lassen. ❷ **QUELLSTÜCK** Wasser und Haferflocken in einer Schüssel mischen und abgedeckt bei Raumtemperatur etwa 60 Minuten quellen lassen. ❸ **HAUPTTEIG** Den Teig auf die bemehlte Arbeitsfläche stürzen und in neun Stücke (à etwa 90 g) teilen. Die Teiglinge rundschleifen, dann langwirken. Mit Wasser befeuchten und in den Haferflocken wälzen. Ein Backblech mit einem großen, leicht bemehlten Küchentuch auslegen, die Teiglinge mit dem Schluss nach oben darauflegen, dabei das Tuch zwischen den Reihen hochziehen. Die Tuchenden über die Teiglinge klappen und eine große Kunststofftüte über das Blech ziehen. In den Kühlschrank geben und etwa 12 Stunden (oder 10–14 Stunden) bei 5 °C reifen lassen.

③ Seite 82

BACKTAG ❹ Den Backofen mit Backstahl oder -stein (mittlere Schiene) auf 240 °C Heißluft oder Umluft vorheizen. ❺ Teiglinge mit dem Schluss nach unten auf den mit der Dauerbackfolie belegten Brotschieber geben, längs einschneiden, samt Dauerbackfolie in den vorgeheizten Ofen einschießen und sofort mit 50–60 ml Wasser beschwaden. Die Temperatur auf 210 °C reduzieren und 18–20 Minuten backen. ❻ Herausnehmen, die Wecken mit Wasser besprühen und auf einem Küchengitter abkühlen lassen.

Tipp Statt der langen kalten Reifezeit können die Teiglinge auch etwa 60 Minuten bei Raumtemperatur aufgehen.

Beispielhafter Zeitplan

Vortag	07:00	Poolish herstellen
	18:00	Quellstück herstellen
	19:00	Hauptteig kneten
	20:45	Teiglinge rundschleifen, langwirken, wälzen, kalt stellen
Backtag	08:30	Ofen vorheizen
	09:00	Teiglinge einschneiden, beschwaden, backen

Nährwerte
pro Stück: 189 kcal, F 1 | KH 37 | B 4 | EW 6
pro 100 g: 210 kcal, F 2 | KH 41 | B 4 | EW 7

Allergene
Weizen, Gluten, Hafer, Hefe, Histamin

Komplettes Rezept auf Seite 81

Haferwecken

Step 3

Den Teig auf die bemehlte Arbeitsfläche stürzen und in neun Stücke (à etwa 90 g) teilen. Die Teiglinge erst rundschleifen, dann langwirken. Mit Wasser befeuchten und in den Haferflocken wälzen.

Komplettes Rezept auf Seite 85

Vollkorn-Burger-Buns

Step 5

Die Teiglinge mit dem Schluss nach oben auf ein nasses Küchentuch legen und mit der flachen Hand durch sanftes Drücken entgasen. Die feuchte Seite in den Sesam drücken und die Teiglinge mit dem Schluss nach unten (Sesam oben) auf ein mit der Dauerbackfolie ausgelegtes Backblech legen, abdecken und 45–60 Minuten reifen lassen.

POSITIVE GESUNDHEITSASPEKTE

+ geringerer Blutzuckeranstieg
+ hoher Ballaststoffgehalt
+ lange sättigend

BESONDERS GEEIGNET BEI

+ Adipositas
+ Diabetes mellitus
+ Reizdarmsyndrom

Beispielhafter Zeitplan

Vortag	19:00	Vorteig herstellen
Backtag	07:00	Hauptteig kneten
	08:15	Teig dehnen und falten
	10:15	Teiglinge abstechen, rundschleifen
	11:00	Teiglinge entgasen, in Sesam wälzen
	11:30	Ofen vorheizen
	12:00	beschwaden, backen

A, D, F, R, S

Vollkorn-Burger-Buns

Burger-Brötchen aus 100 Prozent Vollkornmehl sind für die gesunde Ernährung eine gute Ergänzung. Mit diesem Rezept gelingen besonders schön wattige und herzhafte Buns, vor allem, wenn Sie ultrafein gemahlenes Vollkornmehl verwenden. Sie können die Buns nicht nur für Hamburger oder Hotdogs verwenden, sondern auch als leckeres Milchbrötchen für den Frühstückstisch.

9 Buns,
Teigmenge ca. 100 g
pro Stück

POOLISH

110 g leitungskaltes Wasser
110 g Weizenvollkornmehl
0,1 g frische Hefe

HAUPTTEIG

200 g Milch (3,5 % Fett)
40 g Eigelb (etwa 2 Stück)
315 g Weizenvollkornmehl
30 g Weizenmehl Type 550 plus etwas zum Bemehlen
10 g Salz
4 g frische Hefe
10 g Malzextrakt inaktiv oder Honig
80 g Butter
Pflanzenöl zum Einfetten
2–3 EL Sesamsaat zum Wälzen

AUSSERDEM

Teigwanne mit Deckel
Backstahl oder -stein (alternativ umgedrehtes Backblech)
Dauerbackfolie (oder Backpapier)

VORTAG ❶ **POOLISH** Die Zutaten in eine Schüssel geben, mit einem Löffel gut verrühren, abdecken und bei Raumtemperatur etwa 12 Stunden (oder bis zu 14 Stunden) ruhen lassen.

BACKTAG ❷ **HAUPTTEIG** Milch, Eigelb, beide Mehle, Salz, Hefe und Malzextrakt in die Rührschüssel der Küchenmaschine geben, den Poolish hinzufügen und mit dem Knethaken bei langsamer Geschwindigkeit 10–12 Minuten zu einem glatten Teig kneten, der sich gut von der Schüssel löst. Die Knetgeschwindigkeit erhöhen und die Butter in kleinen Stücken unter den Teig kneten, bis sie vollständig eingearbeitet und der Teig wieder glatt ist. (Alternativ von Hand mit der Grundmethode 20–25 Minuten kneten, dabei die Butter gleich zu Beginn hinzugeben.) ❸ Den Teig in die eingeölte Teigwanne legen, abdecken und bei Raumtemperatur etwa 3 Stunden reifen lassen, dabei nach etwa 60 Minuten den Teig einmal dehnen und falten. ❹ Den gut aufgegangenen Teig auf die bemehlte Arbeitsfläche stürzen, neun Teiglinge (à etwa 100 g) abstechen, rundschleifen, mit dem Schluss nach oben auf ein großes Küchentuch legen, das Tuch darüberschlagen und bei Raumtemperatur etwa 30 Minuten gehen lassen. ❺ Dann die Teiglinge mit dem Schluss nach oben auf ein nasses Küchentuch legen und mit der flachen Hand durch sanftes Drücken entgasen. Die feuchte Seite in den Sesam drücken und die Teiglinge mit dem Schluss nach unten (Sesam oben) auf ein mit der Dauerbackfolie ausgelegtes Backblech legen, abdecken und 45–60 Minuten reifen lassen. (Alternativ im Kühlschrank 10–14 Stunden bei 5 °C reifen lassen.) ❻ Inzwischen den Backofen mit Backstahl oder -stein (mittlere Schiene) auf 220 °C Heißluft oder Umluft vorheizen. ❼ Das Backblech in den vorgeheizten Ofen geben und sofort mit 60–70 ml Wasser beschwaden. Die Temperatur auf 200 °C regeln und maximal 17–19 Minuten nicht zu dunkel backen, damit die Kruste nicht zu hart wird. ❽ Herausnehmen, die Buns mit Wasser besprühen und auf einem Küchengitter auskühlen lassen.

5 Seite 83

Nährwerte
pro Stück (100 g): 282 kcal
F 12 | KH 33 | B 7 | EW 8

Allergene
Weizen, Gluten, Ei, Laktose/Milcheiweiß, evtl. Gerste, evtl. Honig, Hefe, Histamin, Sesam

A, D, F, L, R, S

Rogginator

Ein echtes Kraftpaket ist dieser Rogginator. Denn das Brot zeichnet sich durch einen hohen Ballaststoff- und Eiweißgehalt aus, der Ihrem Körper wichtige Nährstoffe für den ganzen Tag liefert. Durch das Mehlkochstück aus dem eiweißreichen Ackerbohnenmehl sättigt das Brot anhaltend. Zudem bleibt es lange frisch.

1 Brot, Teigmenge ca. 1.320 g

SAUERTEIG
210 g Wasser (40 °C)
21 g Sauerteig-Anstellgut (siehe Seite 46 ff.)
210 g Roggenmehl Type 1370

MEHLKOCHSTÜCK
210 g leitungskaltes Wasser
70 g Ackerbohnenmehl

HAUPTTEIG
180 g Wasser (30 °C)
220 g Roggenmehl Type 1370 plus etwas zum Bemehlen
160 g Weizenvollkornmehl
30 g Honig (alternativ Dattelsirup oder Zuckerrübensirup)
13 g Salz
4 g frische Hefe (nach Bedarf, siehe Tipp)
Pflanzenöl zum Einfetten

AUSSERDEM
Kastenform (23 cm Länge)
Backstahl oder -stein (alternativ umgedrehtes Backblech)

VORTAG ❶ **SAUERTEIG** Die Zutaten in eine Schüssel geben, mit einem Löffel gut vermischen, abdecken und bei Raumtemperatur etwa 12 Stunden (oder 10–14 Stunden) und reifen lassen.

BACKTAG ❷ **MEHLKOCHSTÜCK** Wasser und Mehl in einen Topf geben und unter ständigem Rühren erhitzen, bis die Masse bindet. Vom Herd nehmen und dann etwa 45 Minuten abkühlen lassen. ❸ **HAUPTTEIG** Wasser, beide Mehle, Honig (oder Sirup), Salz und eventuell Hefe in die Rührschüssel der Küchenmaschine geben, Sauerteig und Mehlkochstück hinzufügen und mit dem Knethaken bei langsamer Geschwindigkeit 8–10 Minuten zu einem glatten Teig kneten. (Alternativ von Hand 10–12 Minuten mit einem stabilen Rührlöffel verrühren.) ❹ Den Teig in die eingefettete Kastenform füllen, mit einem nassen Silikonschaber glatt streichen und die Oberfläche mithilfe eines Siebs kräftig mit Roggenmehl bemehlen. Abdecken und den Teig 90–120 Minuten gehen lassen, bis er knapp den Rand erreicht. ❺ Inzwischen den Backofen mit Backstahl oder -stein (mittlere Schiene) auf 240 °C Ober-/Unterhitze vorheizen. ❻ Die Kastenform in den vorgeheizten Ofen geben, die Temperatur auf 210 °C reduzieren und 55–60 Minuten backen. ❼ Herausnehmen, das Brot leicht mit Wasser einsprühen und auf einem Küchengitter auskühlen lassen.

Tipp Falls der Sauerteig noch nicht so aktiv ist, kann man dem Hauptteig noch etwas Hefe hinzufügen, um die Triebkraft zu unterstützen. Sollte es schwierig sein, Ackerbohnenmehl zu bekommen, kann man es durch Weizen- oder Roggenvollkornmehl ersetzen. Oder man verwendet statt des Mehlkochstücks 280 g selbst gemachtes Püree aus geschälten dicken Bohnen (aus dem Glas).

Beispielhafter Zeitplan

Vortag	20:00	Sauerteig herstellen
Backtag	07:00	Mehlkochstück herstellen
	08:00	Hauptteig kneten, in die Form füllen, bemehlen
	09:30	Ofen vorheizen
	10:00	backen

Nährwerte
pro Scheibe: 101 kcal, F 0 | KH 20 | B 1 | EW 3
pro 100 g: 169 kcal, F 1 | KH 33 | B 2 | EW 6

Allergene
Weizen, Roggen, Gluten, Ackerbohne, evtl. Honig, evtl. Dattel, evtl. Hefe

POSITIVE GESUNDHEITSASPEKTE

+ geringerer Blutzuckeranstieg
+ mehr Ballaststoffe
+ hoher Proteingehalt
+ lange sättigend

BESONDERS GEEIGNET BEI

+ Adipositas
+ Diabetes mellitus
+ Reizdarmsyndrom

POSITIVE GESUNDHEITSASPEKTE

+ kohlenhydratreduziert
+ geringer Blutzuckeranstieg
+ hoher Proteingehalt
+ länger sättigend

BESONDERS GEEIGNET BEI

+ Adipositas
+ Diabetes mellitus
+ Reizdarmsyndrom

A, D, F, L, R, S

Bohnabatta

Dieses Rezept ist eine Abwandlung des italienischen Ciabatta. Es enthält Vollkornmehl und Ackerbohnenmehl, das gegenüber Weizenmehl deutlich eiweißreicher ist und den Kohlenhydratgehalt des Brotes reduziert. Dadurch steigt der Blutzuckerspiegel langsamer und weniger hoch an. Damit die Brotkrume später besonders locker wird, muss der Teig lange geknetet werden.

8 Brote,
Teigmenge ca. 110 g pro Stück

MEHLKOCHSTÜCK
225 g leitungskaltes Wasser
75 g Ackerbohnenmehl

AUTOLYSETEIG
220 g leitungskaltes Wasser
150 g Weizenvollkornmehl
250 g Weizenmehl Type 550

HAUPTTEIG
15 g Olivenöl plus etwas zum Einfetten
12 g Salz
4 g frische Hefe
Weizenmehl Type 550 zum Bemehlen

AUSSERDEM
Teigwanne mit Deckel
Dauerbackfolie (alternativ Backpapier)
Brot- oder Pizzaschieber (alternativ großes Küchenbrett)
Backstahl oder -stein (alternativ umgedrehtes Backblech)

VORTAG 1 **MEHLKOCHSTÜCK** Wasser und Bohnenmehl in einen Topf geben und unter ständigem Rühren erhitzen, bis die Masse gut bindet. Vom Herd nehmen und auf Raumtemperatur abkühlen lassen. 2 **AUTOLYSETEIG** Die Zutaten in die Rührschüssel der Küchenmaschine geben und mit dem Knethaken bei langsamer Geschwindigkeit vermischen, bis keine Mehlnester mehr zu sehen sind. Die Schüssel abdecken und den Vorteig bei Raumtemperatur etwa 30 Minuten quellen lassen. 3 **HAUPTTEIG** Olivenöl, Salz und Hefe zum Autolyseteig in die Rührschüssel geben, das abgekühlte Mehlkochstück hinzufügen und mit dem Knethaken 12–18 Minuten glatt kneten, bis der Teig sich von der Schüsselwand löst, dabei mit langsamer Geschwindigkeit beginnen und nach 4–7 Minuten auf mittlere Stufe stellen. Den Teig in die eingeölte Teigwanne legen, abdecken und etwa 24 Stunden (oder 18–30 Stunden) im Kühlschrank bei 5 °C reifen lassen.

BACKTAG 4 Den Teig auf die gut bemehlte Arbeitsfläche geben, mit Mehl bestäuben, mit der Teigkarte vorsichtig zu einem Rechteck schieben und acht gleich große Stücke (à etwa 110 g) abstechen. Die Teiglinge mit zwei Händen oder unter Zuhilfenahme der Teigkarte aufnehmen, ohne die Gärblasen zu zerdrücken, auf den mit der Dauerbackfolie belegten Brotschieber legen, abdecken und bei Raumtemperatur 30–45 Minuten gehen lassen. 5 Inzwischen den Backofen mit Backstahl oder -stein (mittlere Schiene) auf 250 °C Heißluft oder Umluft vorheizen. 6 Die Teiglinge samt Dauerbackfolie in den Ofen einschießen, sofort mit 50–60 ml Wasser beschwaden und 17–20 Minuten backen. 7 Aus dem Ofen nehmen, die Bohnabattas mit Wasser besprühen und auf einem Küchengitter auskühlen lassen.

4 Seite 90

Beispielhafter Zeitplan

Vortag	07:00	Mehlkochstück herstellen
	07:15	Autolyseteig mischen
	07:50	Hauptteig kneten, kalt stellen
Backtag	08:00	Teiglinge abstechen, Ofen vorheizen
	09:45	beschwaden, backen

Nährwerte
pro Stück (110 g): 208 kcal
F 2 | KH 36 | B 4 | EW 8

Allergene
Weizen, Gluten, Ackerbohne, Hefe, Olive, Histamin

Komplettes Rezept auf Seite 89

Bohnabatta

Step 4

Den Teig auf die gut bemehlte Arbeitsfläche geben, mit Mehl bestäuben, mit der Teigkarte vorsichtig zu einem Rechteck schieben und acht gleich große Stücke (à etwa 110 g) abstechen. Die Teiglinge mit zwei Händen oder unter Zuhilfenahme der Teigkarte aufnehmen, ohne die Gärblasen zu zerdrücken, auf den mit der Dauerbackfolie belegten Brotschieber legen, dann abdecken und bei Raumtemperatur noch 30–45 Minuten gehen lassen.

Komplettes Rezept auf Seite 93

Saaten-Knorzen

Step 4

Den Teig auf die mit Wasser gut befeuchtete Arbeitsfläche stürzen und vorsichtig zu einem Rechteck ziehen. Mit der Teigkarte nach Augenmaß in acht gleich große Stücke (à etwa 90 g) teilen, mit etwas Wasser besprühen und von einer Seite in die Saatenmischung drücken. Teiglinge mit einer raschen Handbewegung drei- bis viermal gegenläufig verdrehen, auf den mit Dauerbackfolie belegten Brotschieber legen und abgedeckt etwa 45 Minuten reifen lassen.

POSITIVE GESUNDHEITSASPEKTE

+ viele Mikronährstoffe
+ lange sättigend

BESONDERS GEEIGNET BEI

+ Adipositas
+ Diabetes mellitus
+ Reizdarmsyndrom

A, D, F, L, R, S

Saaten-Knorzen

Mit diesem Rezept backen Sie lecker-rustikale Saatenstangen für den Frühstückstisch. Der Teig reift über Nacht im Kühlschrank, um besonders viele Reifearomen zu erlangen und die Bekömmlichkeit zu verbessern.

8 Knorzen,
Teigmenge ca. 90 g pro Stück

SAUERTEIG

60 g Wasser (40 °C)
6 g Sauerteig-Anstellgut (siehe Seite 46 ff.)
60 g Roggenvollkornmehl

AUTOLYSETEIG

210 g leitungskaltes Wasser
365 g Weizenmehl Type 550

HAUPTTEIG

12 g Salz
5 g frische Hefe
12 g Olivenöl plus etwas zum Einfetten
etwa 5 EL Saatenmischung (z. B. Mohn-, Sesamsaat, Sonnenblumenkerne) zum Wälzen

AUSSERDEM

Teigwanne mit Deckel
Dauerbackfolie (oder Backpapier)
Brot- oder Pizzaschieber (alternativ großes Küchenbrett)
Backstahl oder -stein (alternativ umgedrehtes Backblech)

VORTAG 1 **SAUERTEIG** Die Zutaten in eine Schüssel geben, mit einem Löffel gut vermischen, abdecken und bei Raumtemperatur etwa 12 Stunden (oder 10–14 Stunden) reifen lassen. 2 **AUTOLYSETEIG** Wasser und Mehl in die Rührschüssel der Küchenmaschine geben, den Sauerteig hinzufügen und mit dem Knethaken bei langsamer Geschwindigkeit 2 Minuten mischen. Die Schüssel abdecken und den Vorteig bei Raumtemperatur etwa 20 Minuten ruhen lassen. 3 **HAUPTTEIG** Salz, Hefe und Olivenöl in die Rührschüssel zum Autolyseteig geben und mit dem Knethaken 8–10 Minuten zu einem glatten Teig kneten, dabei mit langsamer Geschwindigkeit beginnen und nach 2–3 Minuten auf mittlere Stufe stellen. Den Teig in eine eingefettete Teigwanne füllen und mindestens 12 Stunden (oder bis zu 16 Stunden) im Kühlschrank bei 5 °C reifen lassen.

BACKTAG 4 Den Teig auf die mit Wasser gut befeuchtete Arbeitsfläche stürzen und vorsichtig zu einem Rechteck ziehen. Mit der Teigkarte nach Augenmaß in acht gleich große Stücke (à etwa 90 g) teilen, mit etwas Wasser besprühen und von einer Seite in die Saatenmischung drücken. Dann die Teiglinge mit einer raschen Handbewegung drei- bis viermal gegenläufig verdrehen, auf den mit Dauerbackfolie belegten Brotschieber legen und abgedeckt etwa 45 Minuten reifen lassen. 5 Inzwischen den Backofen mit Backstahl oder -stein (mittlere Schiene) auf 240 °C Heißluft oder Umluft vorheizen. 6 Teiglinge wieder mit Wasser besprühen, samt Dauerbackfolie in den vorgeheizten Ofen einschießen, mit 60–70 ml Wasser beschwaden, die Temperatur auf 230 °C reduzieren und 17–19 Minuten backen. 7 Aus dem Ofen nehmen, die Knorzen erneut mit Wasser einsprühen und auf einem Küchengitter auskühlen lassen.

4 Seite 91

Beispielhafter Zeitplan

Vortag	07:00	Sauerteig herstellen
	18:30	Autolyseteig herstellen
	19:00	Hauptteig kneten, kalt stellen
Backtag	07:30	Teiglinge abstechen, besprühen, wälzen, formen
	08:00	Ofen vorheizen
	08:30	besprühen, beschwaden, backen

Nährwerte

pro Stück: 230 kcal, F 5 | KH 38 | B 2 | EW 7
pro 100 g: 255 kcal, F 6 | KH 42 | B 2 | EW 8

Allergene

Weizen, Roggen, Gluten, Hefe, Histamin, Olive, Saaten (Mohn, Sesam, Sonnenblume etc.)

POSITIVE GESUNDHEITSASPEKTE

+ geringerer Blutzuckeranstieg
+ hoher Ballaststoffgehalt
+ lange sättigend
+ eventuell hefefrei

BESONDERS GEEIGNET BEI

+ Adipositas
+ Diabetes mellitus
+ Reizdarmsyndrom

Beispielhafter Zeitplan

Vortag	20:00	Sauerteig 1. Stufe herstellen
Backtag	06:15	Sauerteig 2. Stufe herstellen
	08:45	Autolyseteig herstellen
	09:15	Hauptteig kneten
	13:00	Teigling vorformen
	13:25	Teigling rundwirken, ins Gärkörbchen geben
	14:00	Ofen vorheizen
	14:30	beschwaden, backen

A, D, F, L, R, S

Rustikus

Dieses reine Vollkornbrot zeichnet sich durch eine besonders würzige und saftige Krume sowie durch eine gute, lange Frischhaltung aus. Die zweistufige Sauerteigführung dient in der ersten Stufe der geschmacklichen Entwicklung und Versäuerung, die zweite Stufe sorgt für eine besonders gute Triebkraft des Sauerteigs. Daher kann dieses Brot vollständig ohne Backhefe hergestellt werden, es sei denn, Ihr Anstellgut ist noch nicht triebkräftig genug. Wenn Sie frisch gemahlenes Weizenvollkornmehl verwenden, empfehle ich die Zugabe von Vitamin C in Form von Acerolakirschpulver. Das hilft, den Teig etwas straffer und voluminöser zu bekommen.

1 Brot, Teigmenge ca. 910 g

SAUERTEIG (1. STUFE)
- 25 g Wasser (40 °C)
- 3 g Sauerteig-Anstellgut (siehe Seite 46 ff.)
- 30 g Roggenvollkornmehl

SAUERTEIG (2. STUFE)
- 45 g Wasser (40 °C)
- 45 g Roggenvollkornmehl

AUTOLYSETEIG
- 315 g leitungskaltes Wasser
- 430 g Weizenvollkornmehl
- 10 g Acerolakirschpulver (nach Belieben)

HAUPTTEIG
- 12 g Salz
- 2 g frische Hefe (nach Bedarf; entspricht etwa 2 Erbsen)
- Pflanzenöl zum Einfetten
- Roggen- oder Weizenvollkornmehl zum Bemehlen

AUSSERDEM
- Backstahl oder -stein (oder umgedrehtes Backblech)
- Teigwanne mit Deckel
- Gärkörbchen
- Dauerbackfolie (oder Backpapier)
- Brot- oder Pizzaschieber (alternativ großes Küchenbrett)

VORTAG ❶ **SAUERTEIG (1. STUFE)** Zutaten in eine Schüssel geben, mit einem Löffel gut vermischen, abdecken und bei Raumtemperatur 8–10 Stunden reifen lassen.

BACKTAG ❷ **SAUERTEIG (2. STUFE)** Den Backofen mit Backstahl oder -stein bei Ober-/Unterhitze auf 30 °C vorheizen. Die Zutaten in die Schüssel mit der ersten Sauerteigstufe geben, unterrühren, abdecken, in den vorgeheizten Ofen geben, diesen ausschalten und etwa 3 Stunden reifen lassen (die Temperatur fällt nur sehr langsam ab). ❸ **AUTOLYSETEIG** Nach etwa 2 ½ Stunden Sauerteigreifezeit die Zutaten für den Autolyseteig in die Rührschüssel der Küchenmaschine geben und mit dem Knethaken bei langsamer Geschwindigkeit vermischen, bis keine Mehlreste mehr zu sehen sind. (Alternativ von Hand mischen.) Die Schüssel abdecken und den Vorteig bei Raumtemperatur etwa 30 Minuten ruhen lassen. ❹ **HAUPTTEIG** Salz und eventuell Hefe in die Rührschüssel zum Autolyseteig geben, die zweite Sauerteigstufe hinzufügen und mit dem Knethaken 8–10 Minuten zu einem glatten Teig kneten, dabei mit langsamer Geschwindigkeit beginnen und nach 2–3 Minuten auf mittlere Stufe stellen. (Alternativ von Hand mit der Grundmethode 20–25 Minuten kneten.) ❺ Teig in die eingeölte Teigwanne geben, abdecken und bei 25–28 °C (Tipp siehe Seite 113) 3–4 Stunden reifen lassen, dabei je nach Stand des Teiges (wenn er zum Beispiel die Form nicht behält) nach 30 Minuten ein- bis zweimal dehnen und falten. ❻ Teig auf die bemehlte Arbeitsfläche geben, rund vorformen und zum Entspannen etwa 20 Minuten abgedeckt ruhen lassen. Dann straff rundwirken und dabei etwas Mehl in den Schluss einwirken. Mit dem Schluss nach unten in das bemehlte Gärkörbchen legen, abdecken und bei Raumtemperatur etwa 60 Minuten reifen lassen. ❼ Inzwischen den Backofen mit Backstahl oder -stein (mittlere Schiene) auf 240 °C Ober-/Unterhitze vorheizen. ❽ Den Teigling auf den mit einer Dauerbackfolie belegten Brotschieber stürzen, samt Dauerbackfolie in den vorgeheizten Ofen einschießen und sofort mit 50–60 ml Wasser beschwaden. Die Temperatur auf 210 °C reduzieren und 55–60 Minuten kräftig backen. ❾ Aus dem Ofen nehmen und das Brot auf einem Küchengitter gut auskühlen lassen.

6 Seite 96

Nährwerte

pro Scheibe: 109 kcal, F 1 | KH 20 | B 4 | EW 4

pro 100 g: 182 kcal, F 1 | KH 34 | B 6 | EW 6

Allergene

Weizen, Roggen, Gluten, evtl. Hefe

Komplettes Rezept auf Seite 95

Rustikus

Step 6

Den Teig auf die bemehlte Arbeitsfläche geben, rund vorformen. 20 Minuten abgedeckt ruhen lassen. Dann straff rundwirken und dabei etwas Mehl in den Schluss einwirken. Mit dem Schluss nach unten in das bemehlte Gärkörbchen legen, abdecken und bei Raumtemperatur etwa 60 Minuten reifen lassen.

Komplettes Rezept auf Seite 99

Kraftpaket

Step 5

Den Boden der eingeölten Kastenform mit der Hälfte der Sonnenblumenkerne ausstreuen. Den weichen Teig einfüllen, die Oberfläche mit einem nassen Silikonschaber glatt ziehen, mit den restlichen Sonnenblumenkernen bestreuen, abdecken und bei 26–28 °C etwa 2 Stunden reifen lassen, bis der Teig den Rand der Form erreicht hat.

POSITIVE GESUNDHEITSASPEKTE

- geringer Blutzuckeranstieg
- mehr Ballaststoffe
- lange sättigend
- viele Mikronährstoffe

BESONDERS GEEIGNET BEI

- Nicht-Zöliakie-Weizensensitivität
- Adipositas
- Diabetes mellitus
- Reizdarmsyndrom

Beispielhafter Zeitplan

Vortag	20:00	Sauerteig und Kochstück herstellen
Backtag	08:00	Hauptteig kneten
	08:15	Sonnenblumenkerne rösten, abkühlen lassen
	08:30	Form ausstreuen, Teig einfüllen
	10:00	Ofen vorheizen
	10:30	backen

A, D, F, N, L, R, S

Kraftpaket

Volle Roggenkraft voraus! So könnte das Motto dieses Rezepts lauten. Das Brot enthält als Getreide nur Roggen und hat dadurch beste Voraussetzungen für die Ernährung bei Diabetes mellitus, denn es lässt den Blutzucker deutlich langsamer ansteigen als Brote aus helleren Mehlen. Durch den Ballaststoffanteil hält das Brot zudem lange satt. Die Herstellung ist denkbar einfach: Sauerteig, Kochstück und Teig mischen, in die Form füllen, reifen lassen und dann backen.

1 Brot, Teigmenge ca. 1.340 g

SAUERTEIG

300 g Wasser (40 °C)
30 g Sauerteig-Anstellgut (am besten aus Roggen, siehe Seite 46 ff.)
300 g Roggenvollkornmehl

KOCHSTÜCK

180 g leitungskaltes Wasser
90 g Roggenkörner
2 g Salz

HAUPTTEIG

190 g Wasser (30 °C)
280 g Roggenvollkornmehl
15 g Salz
90 g Sonnenblumenkerne
Pflanzenöl zum Einfetten

AUSSERDEM

Kastenform (etwa 23 cm Länge)
Backstahl oder -stein (alternativ umgedrehtes Backblech)

Tipp Wenn es nicht gerade ein warmer Sommertag ist, den Backofen mit Backstahl oder -stein bei Ober-/Unterhitze auf 30 °C vorheizen, ausschalten und die abgedeckte Kastenform in den Ofen geben. Die Temperatur sinkt dann langsam, hält aber recht lange. Wer eine Gärkiste oder einen Gärschrank hat, kann diesen nutzen.

VORTAG ❶ **SAUERTEIG** Die Zutaten in eine Schüssel geben, mit einem Löffel gut vermischen, abdecken und bei Raumtemperatur etwa 12 Stunden (oder 10–14 Stunden) reifen lassen. ❷ **KOCHSTÜCK** Wasser, Roggenkörner und Salz in einen Topf geben, aufkochen, den Deckel aufsetzen und 60–80 Minuten köcheln lassen, bis die Körner weich sind. Vom Herd nehmen und abkühlen lassen. Vor der Verwendung überschüssiges Wasser abtropfen lassen.

BACKTAG ❸ **HAUPTTEIG** Wasser, Vollkornmehl und Salz in die Rührschüssel der Küchenmaschine geben, Sauerteig und Kochstück hinzufügen und mit dem Knethaken bei langsamer Geschwindigkeit 8–10 Minuten zu einem homogenen Teig kneten. (Alternativ von Hand 8–10 Minuten mit einem stabilen Rührlöffel verrühren.) Die Schüssel abdecken und den Teig etwa 20 Minuten ruhen lassen. ❹ Inzwischen die Sonnenblumenkerne in einer Pfanne rösten und abkühlen lassen. ❺ Den Boden der eingeölten Kastenform mit der Hälfte der Sonnenblumenkerne ausstreuen. Den weichen Teig einfüllen, die Oberfläche mit einem nassen Silikonschaber glatt ziehen, mit den restlichen Sonnenblumenkernen bestreuen, abdecken und bei 26–28 °C (siehe Tipp) etwa 2 Stunden reifen lassen, bis der Teig den Rand der Form erreicht hat. Bei Raumtemperatur dauert das länger. ❻ Inzwischen den Backofen mit Backstahl oder -stein (mittlere Schiene) auf 220 °C Ober-/Unterhitze vorheizen. ❼ Die Kastenform in den vorgeheizten Ofen (mittlere Schiene) geben, die Temperatur auf 190 °C reduzieren und 70–80 Minuten backen. ❽ Herausnehmen, das Brot aus der Form stürzen und auskühlen lassen.

5 Seite 97

Nährwerte

pro Scheibe: 116 kcal, F 2 | KH 19 | B 0 | EW 4
pro 100 g: 193 kcal, F 4 | KH 32 | B 0 | EW 6

Allergene

Gluten, Histamin, Roggen, Sonnenblume

A, D, F, H, R, S

Brown Irish Soda Bread

Dieses traditionsreiche Brot stammt ursprünglich aus Irland und wird noch heute dort täglich hergestellt. Viele Irland-Urlauber kennen es und schwärmen von diesem Brot. Es ist eines der schnellsten Brotrezepte, denn da die Teiglockerung durch Natron oder Backpulver geschieht, ist praktisch keine Reifezeit des Teiges erforderlich. Diese Herstellungsweise macht es zu einem perfekten Brot für Menschen mit Histamin-Intoleranz. Buttermilch kann zwar geringe Mengen Histamin enthalten, wird aber von den meisten Menschen mit Histamin-Intoleranz gut vertragen.

1 Brot, Teigmenge ca. 960 g

AUTOLYSETEIG

440 g Buttermilch
340 g Weizenvollkornmehl
150 g Weizenmehl Type 550

HAUPTTEIG

15 g Butter
12 g Salz
8 g Natron
Weizenmehl Type 550 zum Bemehlen

AUSSERDEM

Backstahl oder -stein (alternativ umgedrehtes Backblech)
Dauerbackfolie (oder Backpapier)
Brot- oder Pizzaschieber (alternativ großes Küchenbrett)

Tipp Traditionell wird dieses Brot mit Baking Soda (Natron) gebacken. Sie können auch Backpulver verwenden, müssen aber etwa 2 g mehr nehmen.

Tipp Wer Laktose oder tierische Milch nicht verträgt, kann statt Buttermilch und Butter pflanzliche Ersatzprodukte verwenden.

❶ **AUTOLYSETEIG** Alle Zutaten in die Rührschüssel der Küchenmaschine geben und mit dem Knethaken bei langsamer Geschwindigkeit kneten, bis das Mehl eingearbeitet ist. Die Schüssel abdecken und den Vorteig bei Raumtemperatur etwa 30 Minuten quellen lassen. (Alternativ von Hand mischen.) ❷ Inzwischen den Backofen mit Backstahl oder -stein (mittlere Schiene) auf 240 °C Ober-/Unterhitze vorheizen. ❸ **HAUPTTEIG** Butter, Salz und Natron zum Autolyseteig in die Rührschüssel geben und 8–10 Minuten kneten, bis sich der Teig von der Schüssel löst, dabei mit langsamer Geschwindigkeit beginnen und nach 2–3 Minuten auf mittlere Stufe stellen. (Alternativ von Hand mit der Grundmethode 20–25 Minuten kneten.) Sofort auf die bemehlte Arbeitsfläche geben und rundwirken. ❹ Den Teigling mit dem Schluss nach unten auf den mit der Dauerbackfolie belegten Brotschieber legen und die Oberfläche kreuzweise tief einschneiden (das für das irische Brot typische Patrickskreuz). Samt Dauerbackfolie in den vorgeheizten Ofen einschießen, mit 50–60 ml Wasser beschwaden, die Temperatur auf 210 °C reduzieren und etwa 50 Minuten backen. ❺ Herausnehmen und das Brot auf einem Küchengitter auskühlen lassen.

Beispielhafter Zeitplan

Backtag	08:00	Autolyseteig herstellen, Ofen vorheizen
	08:45	Hauptteig kneten
	08:55	Teigling rundwirken
	09:00	Teigling einschneiden, beschwaden, backen

Nährwerte

pro Scheibe: 119 kcal, F 2 | KH 21 | B 3 | EW 5
pro 100 g: 198 kcal, F 3 | KH 34 | B 5 | EW 8

Allergene

Weizen, Gluten, Laktose/Milcheiweiß (siehe Tipp), Natron

POSITIVE GESUNDHEITSASPEKTE

+ histaminarm
+ frei von Hefe und Sauerteig
+ lange sättigend

BESONDERS GEEIGNET BEI

+ Adipositas
+ Diabetes mellitus
+ Histamin-Intoleranz

POSITIVE GESUNDHEITSASPEKTE

+ geringerer Blutzuckeranstieg
+ mehr Ballaststoffe
+ lange sättigend
+ viele Mikronährstoffe

BESONDERS GEEIGNET BEI

+ Adipositas
+ Diabetes mellitus
+ Reizdarmsyndrom

A, D, F, L, R, S

Leinschrot-Kraftbrot

In diesem Brot vereinen sich intensive Roggenaromen harmonisch mit den wertvollen Nährstoffen des Leinsamens. Ein hoher Ballaststoffgehalt und viele komplexe Kohlenhydrate machen es zu einem perfekten Begleiter für deftige Beläge und eine stärkende Brotzeit. Die Herstellung ist einfach und auch für Beginner problemlos zu meistern.

1 Brot, Teigmenge ca. 1.190 g

SAUERTEIG
165 g Wasser (40 °C)
16 g Sauerteig-Anstellgut (siehe Seite 46 ff.)
165 g Roggenvollkornmehl

QUELLSTÜCK
225 g leitungskaltes Wasser
110 g grober Roggenschrot
90 g Leinsamenschrot
12 g Salz

HAUPTTEIG
75 g Wasser (30 °C)
300 g Weizenmehl Type 1050 plus etwas zum Bemehlen
30 g Roggenvollkornmehl
4 g frische Hefe (nach Bedarf; siehe Tipp)
2–3 EL Leinsamen zum Wälzen
Pflanzenöl zum Einfetten

AUSSERDEM
Kastenform (etwa 23 cm Länge)
Backstahl oder -stein (alternativ umgedrehtes Backblech)

Tipp Falls Ihr Sauerteig noch wenig triebkräftig ist, kann man dem Hauptteig noch etwas Hefe hinzufügen.

VORTAG ❶ **SAUERTEIG** Die Zutaten in eine Schüssel geben, mit einem Löffel gut vermischen, abdecken und bei Raumtemperatur etwa 12 Stunden (oder 10–14 Stunden) reifen lassen. ❷ **QUELLSTÜCK** Die Zutaten in einer Schüssel verrühren und abgedeckt etwa 12 Stunden (oder 10–14 Stunden) quellen lassen.

BACKTAG ❸ **HAUPTTEIG** Wasser, beide Mehle und eventuell Hefe in die Rührschüssel der Küchenmaschine geben, Sauerteig und Quellstück hinzufügen und mit dem Knethaken bei langsamer Geschwindigkeit 8–10 Minuten zu einem glatten Teig kneten. (Alternativ von Hand 8–10 Minuten mit einem stabilen Rührlöffel verrühren.) Die Schüssel abdecken und den Teig bei Raumtemperatur etwa 20 Minuten ruhen lassen. ❹ Den Teig auf der gut bemehlten Arbeitsfläche langwirken, mit Wasser befeuchten und in den Leinsamen wälzen. Mit dem Schluss nach unten in die eingeölte Kastenform legen, abdecken und bei 26–28 °C (Tipp siehe Seite 113) 90–120 Minuten gehen lassen, bis der Teig knapp den Rand erreicht. Bei Raumtemperatur dauert es länger. ❺ Inzwischen den Backofen mit Backstahl oder -stein (mittlere Schiene) auf 240 °C Ober-/Unterhitze vorheizen. ❻ Den Teigling mit Wasser besprühen, die Backform in den vorgeheizten Ofen geben, Temperatur auf 200 °C reduzieren und 55–60 Minuten backen. Gegen Ende darauf achten, dass der Leinsamen nicht zu dunkel wird, sonst wird er bitter. Falls nötig, die Temperatur reduzieren. ❼ Aus dem Ofen nehmen, aus der Form stürzen und das Brot auf einem Küchengitter gut auskühlen lassen.

Beispielhafter Zeitplan

Vortag	20:00	Sauerteig und Quellstück herstellen
Backtag	08:00	Hauptteig kneten
	08:30	Teigling langwirken, wälzen, in die Form geben
	10:15	Ofen vorheizen
	10:45	besprühen, backen

Nährwerte
pro Scheibe: 128 kcal, F 3 | KH 20 | B 3 | EW 5
pro 100 g: 214 kcal, F 5 | KH 33 | B 5 | EW 8

Allergene
Weizen, Roggen, Gluten, Leinsamen, evtl. Hefe, Histamin

A, D, F, R, S

Linsenschrot-Brot

Linsen gehören zu den Hülsenfrüchten und zeichnen sich durch ihren hohen Eiweißgehalt von bis zu 30 Prozent und ihren Reichtum an Zink und Eisen aus, weshalb sie in der vegetarischen und veganen Ernährungsweise eine wichtige Rolle spielen. Als Brotzutat werden sie allerdings erstaunlicherweise kaum verwendet. Dabei machen sie das Brühstück sehr saftig und halten das Brot frisch. Mit diesem Rezept backen Sie ein eiweißreicheres, gehaltvolleres Brot, das Ihnen zum Beispiel bei der Ernährung im Fall von Diabetes mellitus und Übergewicht helfen kann.

1 Brot, Teigmenge ca. 1.020 g

SAUERTEIG

85 g Wasser (40 °C)
5 g Sauerteig-Anstellgut (siehe Seite 46 ff.)
85 g Weizenvollkornmehl

LINSENSCHROT-BRÜHSTÜCK

105 g Linsenschrot (siehe auch Tipp)
180 g kochendes Wasser

HAUPTTEIG

190 g leitungskaltes Wasser
345 g Weizenmehl Type 1050 plus etwas zum Bemehlen
12 g Salz
4 g frische Hefe
12 g inaktives Backmalz bzw. Malzextrakt oder Honig
Pflanzenöl zum Einfetten

AUSSERDEM

Kastenform (etwa 23 cm Länge)
Backstahl oder -stein (alternativ umgedrehtes Backblech)

Tipp Linsenschrot kann man mit einem Multizerkleinerer oder einer Haushaltsmühle aus ganzen Linsen selbst herstellen. Die Linsensorte ist dabei egal, aber ich nehme gern Belugalinsen, weil sie mit dem hellen Inneren und der schwarzen Schale einen schönen optischen Kontrast ergeben.

VORTAG ❶ **SAUERTEIG** Zutaten in eine Schüssel geben, mit einem Löffel gut vermischen, abdecken und bei Raumtemperatur etwa 12 Stunden (oder 10–14 Stunden) reifen lassen.

BACKTAG ❷ **LINSENSCHROT-BRÜHSTÜCK** Linsenschrot in eine Schüssel geben, mit dem kochenden Wasser übergießen, sofort gut durchrühren, abdecken und 1–2 Stunden quellen lassen. ❸ **HAUPTTEIG** Wasser, Mehl, Salz, Hefe und Malz in die Rührschüssel der Küchenmaschine geben, den Sauerteig hinzufügen und mit dem Knethaken 10–12 Minuten zu einem glatten Teig kneten, dabei mit langsamer Geschwindigkeit beginnen und nach 3–4 Minuten auf mittlere Stufe stellen. Bei Bedarf noch 10–20 ml Wasser dazugeben, wenn der Teig zu fest wirkt. Dann das Brühstück 2–3 Minuten langsam einarbeiten, bis sich der Teig von der Schüssel löst. (Alternativ von Hand mit der Grundmethode 20–25 Minuten kneten, dabei das Brühstück gleich zu Beginn hinzufügen.) Die Schüssel abdecken und den Teig bei Raumtemperatur etwa 60 Minuten ruhen lassen. ❹ Den weichen Teig auf die bemehlte Arbeitsfläche stürzen und langwirken, den Teigling mit dem Schluss nach unten in die eingeölte Kastenform legen und abgedeckt etwa 90 Minuten reifen lassen. (Wenn der Teig zu weich ist, direkt in die Kastenform geben und die Oberfläche mit einem nassen Silikonschaber glätten.) ❺ Inzwischen den Backofen mit Backstahl oder -stein (mittlere Schiene) auf 240 °C Ober-/Unterhitze vorheizen. Die Teigoberfläche nach Belieben zweimal einschneiden, die Form in den vorgeheizten Ofen stellen, mit 50–60 ml Wasser beschwaden, die Temperatur auf 210 °C reduzieren und 55–60 Minuten backen. ❻ Herausnehmen, das Brot auf ein Küchengitter stürzen und auskühlen lassen.

Nährwerte

pro Scheibe: 110 kcal, F 1 | KH 20 | B 2 | EW 5
pro 100 g: 184 kcal, F 1 | KH 34 | B 3 | EW 8

Allergene

Weizen, Gluten, Hefe, Histamin, evtl. Gerste, evtl. Honig, Linsen

Beispielhafter Zeitplan

Vortag	20:00	Sauerteig herstellen
Backtag	06:00	Brühstück herstellen
	08:00	Hauptteig kneten
	09:15	Teigling langwirken, in die Form geben
	10:30	Ofen vorheizen
	11:00	Teigling einschneiden, beschwaden, backen

POSITIVE GESUNDHEITSASPEKTE

+ geeignet bei Diät
+ geringerer Blutzuckeranstieg
+ hoher Protein- und Ballaststoffgehalt
+ viele Mikronährstoffe

BESONDERS GEEIGNET BEI

+ Adipositas
+ Diabetes mellitus
+ Reizdarmsyndrom

Leinback

Leinsamen, die Samen des Flachses, benötigen keine speziellen Boden- oder Klimabedingungen, sondern lediglich eine ausreichende Wasserversorgung. Neben der Samengewinnung dient die Pflanze auch zur Herstellung von Leinentuch, einem robusten Naturgewebe. Aus den öl- und nährstoffreichen Samen wird auch Leinmehl gewonnen, das Wasser bindet und Teigen Stand verleiht. Als Quellstück in moderaten Mengen zu Brotteigen hinzugefügt, bereichern Leinsamen diese mit Nähr- und Ballaststoffen. Die Brote bekommen dadurch ein leicht herbes Leinsamen-Aroma und eine saftigere Krume, die großartig zu deftigen Belägen passt.

1 Brot, Teigmenge ca. 980 g

SAUERTEIG
- 90 g Wasser (40 °C)
- 9 g Sauerteig-Anstellgut (siehe Seite 46 ff.)
- 90 g Roggenvollkornmehl

QUELLSTÜCK
- 190 g leitungskaltes Wasser
- 50 g Goldleinsamenmehl

HAUPTTEIG
- 140 g leitungskaltes Wasser
- 400 g Weizenmehl Type 1050 plus etwas zum Bemehlen
- 12 g Salz
- 4 g frische Hefe
- 2 g Brotgewürz (z. B. am besten aus gemahlenem Fenchel, Anis und Kümmel)

AUSSERDEM
- Gärkörbchen
- Backstahl oder -stein (oder umgedrehtes Backblech)
- Dauerbackfolie (oder Backpapier)
- Brot- oder Pizzaschieber (oder großes Küchenbrett)

VORTAG ❶ **SAUERTEIG** Die Zutaten in eine Schüssel geben, mit einem Löffel gut vermischen, abdecken und bei Raumtemperatur etwa 12 Stunden (oder 10–14 Stunden) reifen lassen.

BACKTAG ❷ **QUELLSTÜCK** Wasser und Leinsamenmehl in einer Schüssel verrühren, abdecken und etwa 30 Minuten quellen lassen. ❸ **HAUPTTEIG** Die Zutaten in die Rührschüssel der Küchenmaschine geben, Sauerteig und Quellstück hinzufügen und mit dem Knethaken 8–10 Minuten zu einem glatten Teig kneten, dabei mit langsamer Geschwindigkeit beginnen und nach 2–3 Minuten auf mittlere Stufe stellen. (Alternativ von Hand mit der Grundmethode 20–25 Minuten kneten.) Die Schüssel abdecken und den Teig etwa 60 Minuten ruhen lassen. ❹ Den Teig auf der bemehlten Arbeitsfläche langwirken, mit dem Schluss nach oben in das bemehlte Gärkörbchen legen, abdecken und bei Raumtemperatur 70–80 Minuten gehen lassen. ❺ Inzwischen den Backofen mit Backstahl oder -stein (mittlere Schiene) auf 240 °C Ober-/Unterhitze vorheizen. ❻ Den Teigling auf den mit der Dauerbackfolie belegten Brotschieber stürzen, dreimal quer einschneiden, samt Dauerbackfolie in den vorgeheizten Ofen einschießen und sofort mit 50–60 ml Wasser beschwaden. Die Temperatur auf 210 °C reduzieren und 50–55 Minuten backen. ❼ Aus dem Ofen nehmen, das Brot mit Wasser besprühen und auf einem Küchengitter auskühlen lassen.

Beispielhafter Zeitplan

Vortag	20:00	Sauerteig herstellen
Backtag	07:30	Quellstück herstellen
	08:00	Hauptteig kneten
	09:15	Teigling langwirken, ins Gärkörbchen geben
	10:10	Ofen vorheizen
	10:40	Teigling einschneiden, beschwaden, backen

Nährwerte
pro Scheibe: 112 kcal, F 1 | KH 20 | B 3 | EW 5
pro 100 g: 187 kcal, F 2 | KH 33 | B 5 | EW 8

Allergene
Weizen, Roggen, Gluten, Hefe, Histamin, Leinsamen, Fenchel, Anis, Kümmel

POSITIVE GESUNDHEITSASPEKTE

+ geringerer Blutzuckeranstieg
+ mehr Ballaststoffe
+ länger sättigend
+ viele Mikronährstoffe

BESONDERS GEEIGNET BEI

+ Adipositas
+ Diabetes mellitus
+ Reizdarmsyndrom

POSITIVE GESUNDHEITSASPEKTE

+ langsamer Blutzuckeranstieg
+ mehr Ballaststoffe
+ lange sättigend
+ viele Mikronährstoffe

BESONDERS GEEIGNET BEI

+ Adipositas
+ Diabetes mellitus
+ Reizdarmsyndrom

Beispielhafter Zeitplan

Vortag	18:00	Quellstück und Autolyseteig herstellen
	19:15	Hauptteig kneten, kalt stellen
Backtag	07:30	Teiglinge abstechen
	07:50	Ofen vorheizen
	08:20	beschwaden, backen

Dunkle Frühstückchen

Diese kernig-saftigen Brötchen sind in nur etwas mehr als 1 Stunde auf dem Frühstückstisch. Der Teig reift über Nacht im Kühlschrank und braucht morgens nur noch abgestochen und nach kurzer Ruhezeit gebacken zu werden. Gute Nährstoffe aus dem vollen Korn und aus mehreren Saaten zeichnen diese Brötchen aus.

9 Brötchen,
Teigmenge ca. 115 g pro Stück

QUELLSTÜCK
- 25 g Leinsamen
- 25 g Sonnenblumenkerne
- 25 g Kürbiskerne
- 50 g sehr trockenes Altbrot, Sorte nach Wahl (alternativ Semmelbrösel)
- 150 g leitungskaltes Wasser

AUTOLYSETEIG
- 315 g leitungskaltes Wasser
- 150 g Weizenvollkornmehl
- 300 g Hartweizenmehl

HAUPTTEIG
- 10 g Leinöl (alternativ Olivenöl oder Kürbiskernöl)
- 4 g frische Hefe
- Weizenvollkorn- oder Hartweizenmehl zum Bemehlen

AUSSERDEM
- Dauerbackfolie (oder Backpapier)
- Brot- oder Pizzaschieber (alternativ großes Küchenbrett)
- Backstahl oder -stein (alternativ umgedrehtes Backblech)

Tipp Nach Belieben die Oberfläche des Teigrechtecks leicht mit Wasser befeuchten, mit einer Mohn-Sesam-Mischung (je etwa 10 g) bestreuen und dann die Teiglinge abstechen.

VORTAG ❶ **QUELLSTÜCK** Leinsamen, Sonnenblumenkerne und Kürbiskerne in eine Pfanne geben, rösten und auf einem Teller abkühlen lassen. Das trockene Brot fein reiben oder im Multizerkleinerer zermahlen. Brösel und Saaten in eine Schüssel geben, mit dem Wasser begießen, vermischen und abgedeckt bei Raumtemperatur etwa 60 Minuten quellen lassen. ❷ **AUTOLYSETEIG** Die Zutaten in die Rührschüssel der Küchenmaschine geben und mit dem Knethaken bei langsamer Geschwindigkeit gut vermischen, bis keine Mehlnester mehr zu sehen sind. Die Schüssel abdecken und den Vorteig bei Raumtemperatur etwa 60 Minuten quellen lassen. (Alternativ von Hand mischen.) ❸ **HAUPTTEIG** Öl und Hefe in die Rührschüssel zum Autolyseteig geben, das Quellstück hinzufügen und mit dem Knethaken 12–14 Minuten zu einem glatten Teig kneten, dabei mit langsamer Geschwindigkeit beginnen und nach 4–5 Minuten auf mittlere Stufe stellen. (Alternativ von Hand mit der Grundmethode 25–30 Minuten kneten.) Die Schüssel abdecken und den Teig etwa 12 Stunden (oder bis zu 24 Stunden) im Kühlschrank bei 5 °C reifen lassen.

BACKTAG ❹ Den Teig auf die bemehlte Arbeitsfläche stürzen, leicht mit Mehl bestäuben, zu einem gleichmäßigen Rechteck ziehen und neun gleich große, rechteckige Teiglinge (à etwa 115 g) abstechen. Auf den mit der Dauerbackfolie belegten Brotschieber legen und mit einem Küchentuch locker abgedeckt bei Raumtemperatur etwa 45 Minuten gehen lassen. ❺ Inzwischen den Backofen mit Backstahl oder -stein (mittlere Schiene) auf 240 °C Heißluft oder Umluft vorheizen. ❻ Die Teiglinge samt Dauerbackfolie in den vorgeheizten Ofen befördern, mit 60–70 ml Wasser beschwaden und 18–20 Minuten backen. ❼ Herausnehmen, die Frühstückchen mit Wasser besprühen und auf einem Küchengitter abkühlen lassen.

④ Seite 110

Nährwerte
pro Stück: 230 kcal, F 6 | KH 36 | B 4 | EW 9
pro 100 g: 200 kcal, F 5 | KH 31 | B 3 | EW 8

Allergene
Weizen, Gluten, Hefe, Histamin, Leinsamen, Sonnenblume, Kürbis

Komplettes Rezept auf Seite 109

Dunkle Frühstückchen

Step 4

Den Teig auf die bemehlte Arbeitsfläche stürzen, leicht mit Mehl bestäuben, zu einem gleichmäßigen Rechteck ziehen und neun gleich große, rechteckige Teiglinge (à etwa 115 g) abstechen. Auf den mit der Dauerbackfolie belegten Brotschieber legen und mit einem Küchentuch locker abgedeckt bei Raumtemperatur etwa 45 Minuten gehen lassen.

Komplettes Rezept auf Seite 113

Pfannenbrötchen

Step 3

Den Teig auf die bemehlte Arbeitsfläche stürzen, in acht Stücke (à etwa 115 g) teilen, rundwirken und mit dem Schluss nach unten auf der Arbeitsfläche abgedeckt 30–45 Minuten ruhen lassen.

POSITIVE GESUNDHEITSASPEKTE

+ geringerer Blutzuckeranstieg
+ mehr Ballaststoffe
+ lange sättigend

BESONDERS GEEIGNET BEI

+ Adipositas
+ Diabetes mellitus
+ Reizdarmsyndrom

A, D, F, L, R, S

Pfannenbrötchen

Mit diesem Rezept zaubern Sie „English Muffins", die hierzulande auch als „Toasties" bezeichnet werden, auf den Frühstückstisch. Ein Kochstück aus Ackerbohnenmehl sorgt für eine deutlich saftigere Krume und erhöht den Ballaststoff- und Eiweißgehalt der Brötchen. Da diese Brötchen in einer einfachen Bratpfanne hergestellt werden können, eignet sich das Rezept auch für Urlaubsreisen, bei denen kein Backofen zur Verfügung steht.

8 Brötchen,
Teigmenge ca. 115 g pro Stück

MEHLKOCHSTÜCK
240 g leitungskaltes Wasser
80 g Ackerbohnenmehl

HAUPTTEIG
1 Kartoffel (100 g)
100 g leitungskaltes Wasser
420 g Weizenmehl Type 550 plus etwas zum Bemehlen und Wälzen
3 g frische Hefe
10 g Salz
Pflanzenöl zum Einfetten

AUSSERDEM
Teigwanne mit Deckel

Backofentipp Alternativ den Backofen mit Backstahl oder -stein (mittlere Schiene) auf 230 °C Ober-/Unterhitze vorheizen. Die Fladen auf einen mit einer Dauerbackfolie belegten Brotschieber geben, samt Dauerbackfolie in den vorgeheizten Ofen einschießen, nach Belieben für eine kräftigere Bräunung mit etwas Wasser beschwaden, 16–20 Minuten backen. Nach etwa 8–10 Minuten Backzeit müssen die Teiglinge gewendet werden.

VORTAG ❶ **MEHLKOCHSTÜCK** Die Zutaten in einen Topf geben und unter Rühren erhitzen, bis die Masse bindet. Vom Herd nehmen und abgedeckt etwa 60 Minuten abkühlen lassen.
❷ **HAUPTTEIG** Die Kartoffel schälen, fein reiben (es sollen 90 g sein) und in die Rührschüssel der Küchenmaschine geben. Wasser, Mehl, Hefe, Salz und Mehlkochstück hinzufügen und mit dem Knethaken 8–10 Minuten zu einem glatten Teig kneten, dabei mit langsamer Geschwindigkeit beginnen und nach 2–3 Minuten auf mittlere Stufe stellen. (Alternativ von Hand mit der Grundmethode 10–14 Minuten kneten.) Den Teig in die eingeölte Teigwanne legen, abdecken und etwa 60 Minuten ruhen lassen. Dann in den Kühlschrank stellen und etwa 12 Stunden (oder bis zu 24 Stunden) bei 5 °C reifen lassen.
BACKTAG ❸ Den Teig auf die bemehlte Arbeitsfläche stürzen, in acht Stücke (à etwa 115 g) teilen, rundwirken und mit dem Schluss nach unten auf der Arbeitsfläche abgedeckt 30–45 Minuten ruhen lassen. ❹ Eine große Pfanne auf mittlerer Hitze ohne Fett vorheizen. Die Teiglinge nacheinander in Mehl wenden und mit den Fingerspitzen zu Fladen formen. Je nach Pfannengröße drei bis vier Teiglinge in die heiße Pfanne legen und 5–7 Minuten backen. Die Fladen wenden, mit dem Pfannenwender flach drücken und weitere 10–11 Minuten backen, also insgesamt 15–18 Minuten. Auf die gleiche Weise die restlichen Teiglinge backen.

③ Seite 111

Beispielhafter Zeitplan

Vortag	18:00	Mehlkochstück herstellen
	19:15	Kartoffel reiben, Hauptteig kneten
	20:30	Teig kalt stellen
Backtag	08:00	Teiglinge abstechen, rundwirken (ggf. Ofen vorheizen)
	08:45	backen

Nährwerte
pro Stück: 218 kcal, F 1 | KH 43 | B 3 | EW 9
pro 100 g: 190 kcal, F 1 | KH 37 | B 2 | EW 7

Allergene
Weizen, Gluten, Ackerbohne, Kartoffel, Hefe, Histamin

POSITIVE GESUNDHEITSASPEKTE

+ ballaststoffreich
+ keine Hefe
+ lange sättigend
+ gute Bekömmlichkeit

BESONDERS GEEIGNET BEI

+ Adipositas
+ Diabetes mellitus
+ Reizdarmsyndrom

Beispielhafter Zeitplan

Vortag	11:30	Sauerteig und Autolyseteig herstellen
	14:00	Hauptteig kneten
	15:15	Teig dehnen und falten
	17:15	Teig rundwirken
	17:50	Teigling langwirken, ins Gärkörbchen geben
Backtag	08:00	Ofen vorheizen
	08:30	Teigling einschneiden, beschwaden, backen

A, D, F, L, R, S

Französisches Landbrot

Das französische Land- oder Bauernbrot ist saftig-aromatisch und hat eine kräftig ausgebackene dunkle Kruste. Damit das Brot keine zu prägnanten Säurenoten bekommt, benötigen Sie einen milden und triebkräftigen Sauerteig. Vor der Herstellung des Brotsauerteigs empfiehlt es sich deshalb, schon den Lagersauerteig (Anstellgut) mindestens ein- bis zweimal zu füttern. Wenn Ihr Sauerteig noch nicht so fit ist, haben Sie die Option, dem Hauptteig etwas Hefe hinzuzufügen, um die Triebkraft zu unterstützen.

1 Brot, Teigmenge ca. 880 g

SAUERTEIG

60 g Wasser (40 °C)
60 g Sauerteig-Anstellgut (siehe Seite 46 ff.)
60 g Weizenvollkornmehl

AUTOLYSETEIG

265 g Wasser (30 °C)
185 g Weizenvollkornmehl
240 g Weizenmehl Type 550

HAUPTTEIG

9 g Salz
1 g frische Hefe (nach Bedarf; entspricht etwa 1 Erbse)
Weizenmehl Type 550 zum Bemehlen

AUSSERDEM

Backstahl oder -stein (alternativ umgedrehtes Backblech)
Gärkörbchen
Dauerbackfolie (alternativ Backpapier)
Brot- oder Pizzaschieber (alternativ großes Küchenbrett)

Nährwerte

pro Scheibe: 118 kcal, F 0 | KH 23 | B 3 | EW 4
pro 100 g: 196 kcal, F 1 | KH 39 | B 5 | EW 6

Allergene

Weizen, Gluten, evtl. Hefe, Histamin

VORTAG 1 **SAUERTEIG** Den Backofen mit Backstahl oder -stein (mittlere Schiene) auf 30 °C Ober-/Unterhitze vorheizen. Die Zutaten in einer Schüssel mit einem Löffel gut vermischen, in den vorgeheizten Backofen geben, diesen ausschalten und 2–2 ½ Stunden reifen lassen (die Temperatur fällt nur sehr langsam ab). Der Sauerteig sollte deutliche Aktivität zeigen und aromatisch riechen. 2 **AUTOLYSETEIG** Die Zutaten in die Rührschüssel der Küchenmaschine geben und mit dem Knethaken bei langsamer Geschwindigkeit vermischen, bis keine Mehlreste mehr zu sehen sind. Die Schüssel abdecken und den Vorteig bei Raumtemperatur etwa 2 Stunden ruhen lassen. (Alternativ von Hand mischen.) 3 **HAUPTTEIG** Salz und eventuell Hefe in die Rührschüssel mit dem Autolyseteig geben, den Sauerteig hinzufügen und mit dem Knethaken 12–15 Minuten zu einem glatten Teig kneten: mit langsamer Geschwindigkeit beginnen und nach 4–5 Minuten auf mittlere Stufe stellen. (Alternativ von Hand mit der Grundmethode 20–25 Minuten kneten.) Den Teig abdecken und bei 26–28 °C (Tipp siehe Seite 113) etwa 3 Stunden (oder 2 ½–4 Stunden) ruhen lassen, dabei nach etwa 60 Minuten einmal dehnen und falten. Falls Hefe zugegeben wurde, kann sich die Reifezeit verkürzen. 4 Den Teig auf die bemehlte Arbeitsfläche stürzen, schonend rundwirken und abgedeckt bei Raumtemperatur etwa 30 Minuten ruhen lassen. Dann den Teigling schonend, aber straff langwirken, mit dem Schluss nach oben in das bemehlte Gärkörbchen legen, abdecken und etwa 14 Stunden (oder 12–16 Stunden) im Kühlschrank bei 5 °C reifen lassen.

BACKTAG 5 Den Backofen mit Backstahl oder -stein (mittlere Schiene) auf 240 °C vorheizen. 6 Den Teigling auf den mit der Dauerbackfolie belegten Brotschieber stürzen, nach Belieben rautenförmig einschneiden und samt Dauerbackfolie in den vorgeheizten Ofen einschießen. Mit 60–70 ml Wasser beschwaden, die Temperatur auf 210 °C reduzieren und 55–60 Minuten backen. 7 Herausnehmen, das Brot mit Wasser besprühen und auf einem Küchengitter auskühlen lassen.

A, D, F, L, R, S

Kürbiskernbrot

Die aus dem Kürbis stammenden Samen sind reich an Vitaminen, vor allem Vitamin E, sowie ungesättigten Fettsäuren wie Linolsäure und Beta-Sitosterol. Sie eignen sich hervorragend zur Verwendung in Brotteigen, weil ihr nussiger Geschmack jedem Brot eine besondere Note verleiht. In Verbindung mit Weizenvollkornmehl entsteht ein mildes, aber gehaltvolles Brot für den ganzen Tag.

2 Brote,
Teigmenge ca. 480 g pro Stück

POOLISH

95 g leitungskaltes Wasser
95 g Weizenvollkornmehl
0,1 g frische Hefe

QUELLSTÜCK

80 g Kürbiskerne
80 g leitungskaltes Wasser

HAUPTTEIG

240 g leitungskaltes Wasser
225 g Weizenvollkornmehl
160 g Weizenmehl Type 1050 plus etwas zum Bemehlen
12 g Salz
4 g frische Hefe
4–5 EL Kürbiskerne zum Wälzen

AUSSERDEM

Dauerbackfolie (alternativ Backpapier)
Brot- oder Pizzaschieber (alternativ großes Küchenbrett)
Backstahl oder -stein (alternativ umgedrehtes Backblech)

Beispielhafter Zeitplan

Vortag	20:00	Vorteig herstellen
Backtag	07:00	Quellstück herstellen
	08:00	Hauptteig kneten
	09:15	Teiglinge formen, wälzen
	10:00	Ofen vorheizen
	10:30	beschwaden, backen

VORTAG ❶ **POOLISH** Die Zutaten in eine Schüssel geben, mit einem Löffel gut vermischen, abdecken, bei Raumtemperatur etwa 12 Stunden (oder 10–14 Stunden) ruhen lassen.
BACKTAG ❷ **QUELLSTÜCK** Kürbiskerne in einer Pfanne rösten, in eine Schale geben, mit dem Wasser übergießen und auf Raumtemperatur abkühlen lassen. Falls nötig, vor der Verwendung überschüssiges Wasser abtropfen lassen.
❸ **HAUPTTEIG** Wasser, beide Mehle, Salz und Hefe in die Rührschüssel der Küchenmaschine geben, den Poolish hinzufügen und mit dem Knethaken 8–10 Minuten zu einem glatten Teig verkneten, dabei mit langsamer Geschwindigkeit beginnen und nach 2–3 Minuten auf mittlere Stufe stellen. Das Quellstück dazugeben und 2–3 Minuten langsam einarbeiten. Den Teig abdecken und etwa 60 Minuten ruhen lassen. (Alternativ von Hand mit der Grundmethode 20–25 Minuten kneten, dabei das Quellstück gleich zu Beginn dazugeben.) ❹ Den Teig auf die bemehlte Arbeitsfläche geben, halbieren (à etwa 480 g), zwei runde Teiglinge formen, mit Wasser befeuchten und in den Kürbiskernen wälzen. Mit dem Schluss nach unten und mit etwa 1 cm Abstand auf den mit der Dauerbackfolie belegten Brotschieber geben, abdecken und dann bei Raumtemperatur 60–70 Minuten reifen lassen. ❺ Inzwischen den Backofen mit Backstahl oder -stein (mittlere Schiene) auf 240 °C Ober-/Unterhitze vorheizen. ❻ Die Teiglinge samt Dauerbackfolie in den vorgeheizten Ofen einschießen, sofort mit 50–60 ml Wasser beschwaden, die Temperatur auf 210 °C reduzieren und etwa 55 Minuten backen. ❼ Aus dem Ofen nehmen und auf einem Küchengitter gut auskühlen lassen.

Tipp Zusätzlich 25 g Kürbiskernöl in den Hauptteig einarbeiten, was der Krume nicht nur eine appetitlich grünliche Färbung gibt, sondern das Brot auch mit gesundheitsförderlichen Omega-6-Fettsäuren anreichert.

Nährwerte
pro Scheibe: 146 kcal, F 4 | KH 19 | B 4 | EW 6
pro 100 g: 243 kcal, F 7 | KH 31 | B 7 | EW 10

Allergene
Weizen, Gluten, Kürbis, Hefe, Histamin

POSITIVE GESUNDHEITSASPEKTE

+ langsamer Blutzuckeranstieg
+ viele Ballaststoffe
+ lange sättigend
+ viele Mikronährstoffe

BESONDERS GEEIGNET BEI

+ Adipositas
+ Diabetes mellitus
+ Reizdarmsyndrom

POSITIVE GESUNDHEITSASPEKTE

- glutenfrei
- mehr Ballaststoffe
- lange sättigend
- viele Mikronährstoffe

BESONDERS GEEIGNET BEI

- Nicht-Gluten-Weizensensitivität
- Zöliakie
- Reizdarmsyndrom

Beispielhafter Zeitplan

Vortag	20:00	Sauerteig und Quellstück herstellen
Backtag	08:00	Hauptteig kneten
	08:20	Hauptteig zweites Mal kneten
	08:25	Teigling langwirken, in die Form geben
	11:00	Ofen vorheizen
	11:30	Teigling einschneiden, beschwaden, backen

A, D, F, L, N, R, S, Z

Buchweizenbrot

Dieses saftige und nährstoffreiche Brot ist glutenfrei und damit für die Ernährung bei Zöliakie gut geeignet. Die Bindung des Teiges erfolgt durch Flohsamenschalen und Leinsamenmehl und funktioniert erstaunlich gut. Durch den hohen Anteil an Ballaststoffen hat dieses Brot zudem verdauungsfördernde Eigenschaften. Das macht es auch für diejenigen perfekt, die sich nicht glutenfrei ernähren müssen. Auch der interessante Geschmack der Mehlkombination hat meiner Familie sehr gefallen.

1 Brot, Teigmenge ca. 1.450 g

SAUERTEIG
80 g Wasser (40 °C)
8 g Sauerteig-Anstellgut aus Buchweizen (siehe Seite 46 ff.)
80 g Buchweizenvollkornmehl

QUELLSTÜCK
150 g geschrotete Leinsamen
100 g geröstete Sonnenblumenkerne
50 g Chiasamen
50 g Sesamsaat oder Erbsenschrot (Kastanienerbsen)
20 g Flohsamenschalen
12 g Salz
540 g leitungskaltes Wasser

HAUPTTEIG
55 g leitungskaltes Wasser
170 g Buchweizenvollkornmehl
50 g Goldleinsamenmehl
50 g Teffmehl (alternativ Reismehl oder Kastanienmehl)
15 g Dattelsirup oder Honig
20 g Pflanzenöl plus etwas zum Einfetten
4 g frische Hefe

AUSSERDEM
Kastenform (etwa 23 cm Länge)
Backstahl oder -stein (alternativ umgedrehtes Backblech)

VORTAG ❶ **SAUERTEIG** Die Zutaten in einer Schüssel mit einem Löffel gut vermischen, abdecken und bei Raumtemperatur etwa 12 Stunden (oder 10–14 Stunden) reifen lassen. ❷ **QUELLSTÜCK** Die Zutaten in eine Schüssel geben, gut verrühren und abgedeckt etwa 12 Stunden (oder 10–14 Stunden) quellen lassen.

BACKTAG ❸ **HAUPTTEIG** Die Zutaten in die Rührschüssel der Küchenmaschine geben, Sauerteig und Quellstück hinzufügen und mit dem Knethaken bei langsamer Geschwindigkeit 6–8 Minuten vermischen. Dann 10 Minuten ruhen lassen und nochmals 3–4 Minuten langsam kneten. (Alternativ von Hand erst 8–10 Minuten mit der Grundmethode kneten, dann nach der Ruhezeit noch mal 4–5 Minuten kneten.) Den Teig sofort auf die mit Wasser angefeuchtete Arbeitsfläche geben, langwirken, mit dem Schluss nach unten in die eingefettete Kastenform legen und die Oberfläche gut mit Wasser befeuchten. Abdecken und bei Raumtemperatur 2 ½–3 ½ Stunden reifen lassen, bis der Teig fast den Rand der Form erreicht. ❹ Inzwischen den Backofen mit Backstahl oder -stein (mittlere Schiene) auf 220 °C Ober-/Unterhitze vorheizen. ❺ Die Teigoberfläche längs einschneiden und die Kastenform in den vorgeheizten Ofen geben. Mit 50 ml Wasser beschwaden, die Temperatur auf 200 °C regeln und 70–75 Minuten dunkel backen. ❻ Aus dem Ofen nehmen, in der Form etwas abkühlen lassen, dann auf ein Küchengitter stürzen und vor dem Anschneiden 6–12 Stunden abkühlen lassen.

Tipp Teff, auch Zwerghirse genannt, ist eine afrikanische Getreideart, die glutenfrei ist. Sie können das Teffmehl in diesem Rezept auch gegen Reismehl oder Kastanienmehl austauschen. Dadurch wird die Krume etwas heller und das Brot bekommt einen milderen Geschmack.

Nährwerte
pro Scheibe: 141 kcal, F 8 | KH 9 | B 5 | EW 6
pro 100 g: 235 kcal, F 13 | KH 16 | B 8 | EW 9

Allergene
Buchweizen, Hirse, Leinsamen, Dattel, Sonnenblume, Histamin, Chia, Sesam, Wegerich, Hefe, Pflanzenöl

A, D, F, L, N, R, S, Z

Vielsaatenbrot

Dieses Brot beeindruckt nicht nur wegen seines Gewichts, sondern vor allem durch seine Zutaten. Trotz glutenfreier und kohlenhydratarmer Eigenschaften ist es kalorienreich aufgrund der enthaltenen Ölsaaten. Empfehlenswert ist es besonders für Diabetiker und Menschen mit Übergewicht, da es anhaltend sättigt und den Blutzuckerspiegel nur minimal beeinflusst. Auch bei Histamin-Intoleranz verursacht der Verzehr keine Probleme. Die Ursprungsidee stammt übrigens von der US-amerikanischen Bloggerin des „Life-Changing Loaf of Bread" und wurde weltweit von zahlreichen Bloggern und Profis adaptiert.

1 Brot, Teigmenge ca. 1.900 g

TROCKENE ZUTATEN

380 g grobe Haferflocken (alternativ Dinkel-, Roggen-, Hirse- oder andere Getreideflocken)
65 g Sesamsaat
230 g Kürbiskerne
230 g Sonnenblumenkerne
180 g geschrotete Leinsamen (alternativ ganze Leinsamen)
45 g Flohsamenschalen (alternativ Guarkernmehl oder Johannisbrotkernmehl)

FLÜSSIGE ZUTATEN

640 g leitungskaltes Wasser
35 g Olivenöl oder Pflanzenöl plus etwas zum Einfetten
30 g Balsamico bianco (alternativ Branntweinessig oder Verjus)
45 g Ahornsirup (alternativ Honig oder Malzextrakt)
22 g Salz

AUSSERDEM

Kastenform (etwa 23 cm Länge)
Backstahl oder -stein (alternativ umgedrehtes Backblech)

1 **TROCKENE ZUTATEN** Die Zutaten in eine große Schüssel geben und mit einem Löffel gründlich vermischen (die Flohsamenschalen sollten gut verteilt sein).

2 **FLÜSSIGE ZUTATEN** Die Zutaten in eine Schüssel geben und mit einem Löffel verrühren, damit sich das Salz auflöst.

3 Die flüssigen Zutaten über die trockene Mischung gießen und alles mit einem Kochlöffel oder den Quirlen des Handrührgeräts gut vermischen (durch die Flohsamenschalen entsteht ein gebundener Teig).

4 Wenn die Masse gut gemischt ist, in die eingeölte Kastenform füllen, gut andrücken und mit einem angefeuchteten Silikonschaber die Oberfläche schön glatt ziehen. Abdecken und den Teigling bei Raumtemperatur etwa 4 Stunden (oder bis zu 24 Stunden im Kühlschrank) quellen lassen.

5 Den Backofen mit Backstahl oder -stein (mittlere Schiene) auf 210 °C Ober-/Unterhitze vorheizen.

6 Die Kastenform in den vorgeheizten Ofen geben, die Temperatur auf 150 °C regeln und 2 ½–3 Stunden backen. In dieser Zeit verfestigt sich die Krume und in der Kruste entstehen leckere Röstaromen.

7 Aus dem Ofen nehmen, das Brot aus der Form stürzen und auf einem Küchengitter mindestens etwa 12, besser 24 Stunden auskühlen und ruhen lassen; den Brotlaib nach etwa 60 Minuten am besten in einen großen Gefrierbeutel legen.

Beispielhafter Zeitplan

Backtag	08:00	trockene und flüssige Zutaten mischen
	08:10	Teig herstellen
	08:20	Teig in die Form füllen
	12:00	Ofen vorheizen
	12:30	backen

Nährwerte

pro Scheibe: 187 kcal, F 12 | KH 10 | B 5 | EW 7
pro 100 g: 312 kcal, F 20 | KH 16 | B 9 | EW 12

Allergene

Hafer, Sesam, Kürbis, Sonnenblume, Olive, Leinsamen, Wegerich, Weintraube, Ahorn

POSITIVE GESUNDHEITSASPEKTE

+ geringer Blutzuckeranstieg
+ glutenfrei
+ kohlenhydratreduziert
+ gut sättigend

BESONDERS GEEIGNET BEI

+ Nicht-Gluten-Weizensensitivität
+ Zöliakie
+ Adipositas
+ Diabetes mellitus

POSITIVE GESUNDHEITSASPEKTE

+ geringerer Blutzuckeranstieg
+ hoher Proteingehalt
+ lange sättigend

BESONDERS GEEIGNET BEI

+ Adipositas
+ Diabetes mellitus
+ Reizdarmsyndrom

Beispielhafter Zeitplan

Vortag	07:00	Sauerteig herstellen
	18:00	Mehlkochstück herstellen
	19:00	Hauptteig kneten
	19:45	Teig dehnen und falten, kalt stellen
Backtag	17:30	Ofen vorheizen
	18:00	Teig teilen, Teiglinge rundwirken, beschwaden, backen

A, D, F, L, R, S

Genetztes

Genetztes Brot ist eine Spezialität aus dem Südwesten Deutschlands. Die Besonderheit ist, dass der Teig eine sehr lange Reifezeit bekommt, während der er sein volles Aroma entwickelt. Ich habe ein Traditionsrezept abgewandelt, indem ich noch ein Mehlkochstück aus Ackerbohnenmehl hinzugefügt habe. Das führt zu mehr Feuchtigkeit in der Krume und zu besserer Frischhaltung. Zudem erhöht sich der Eiweißgehalt des Brotes. Dadurch ist es besonders gut für die Ernährung von Diabetikern geeignet.

2 Brote,
Teigmenge ca. 690 g pro Stück

SAUERTEIG

90 g Wasser (40 °C)
9 g Sauerteig-Anstellgut (siehe Seite 46 ff.)
90 g Roggenvollkornmehl

MEHLKOCHSTÜCK

150 g leitungskaltes Wasser
50 g Ackerbohnenmehl

HAUPTTEIG

365 g leitungskaltes Wasser
610 g Weizenmehl Type 1050
16 g Salz
4 g frische Hefe
3 g gemahlener Kümmel
Pflanzenöl zum Einfetten

AUSSERDEM

Teigwanne mit Deckel
Backstahl oder -stein (alternativ umgedrehtes Backblech)
Dauerbackfolie (oder Backpapier)
Brot- oder Pizzaschieber (alternativ großes Küchenbrett)

VORTAG ❶ **SAUERTEIG** Die Zutaten in eine Schüssel geben, mit einem Löffel gut vermischen, abdecken und dann bei Raumtemperatur etwa 12 Stunden (oder 10–14 Stunden) reifen lassen. ❷ **MEHLKOCHSTÜCK** Wasser und Ackerbohnenmehl in einem Topf unter ständigem Rühren erhitzen, bis die Masse andickt. Vom Herd nehmen und gut abkühlen lassen. ❸ **HAUPTTEIG** Wasser, Mehl, Salz, Hefe und Kümmel in die Rührschüssel der Küchenmaschine geben, den Sauerteig zugeben und mit dem Knethaken 8–11 Minuten zu einem glatten Teig kneten, dabei mit langsamer Geschwindigkeit beginnen und nach 3–4 Minuten auf mittlere Stufe stellen. Dann das Kochstück löffelweise hinzugeben und kneten, bis es vollständig eingearbeitet und der Teig wieder schön glatt ist. (Alternativ von Hand mit der Grundmethode 20–25 Minuten kneten, dabei das Kochstück gleich zu Beginn hinzugeben.) ❹ Den Teig in die eingeölte Teigwanne legen, abdecken und bei Raumtemperatur etwa 30 Minuten ruhen lassen. Dann einmal dehnen und falten, abdecken und im Kühlschrank bei 5 °C etwa 22 Stunden (oder 16–24 Stunden) reifen lassen.

4 Seite 124

BACKTAG ❺ Den Backofen mit Backstahl oder -stein (mittlere Schiene) auf 250 °C Ober-/Unterhitze vorheizen. ❻ Den Teig auf die mit Wasser angefeuchtete Arbeitsfläche stürzen und mit der nassen Handkante nach Augenmaß in zwei gleich große Teile (à etwa 690 g) teilen. Die Teighälften einmal überschlagen, mit nassen Händen ergreifen und in der Luft rundwirken, ohne die Teiglinge zu sehr zu entgasen. Mit dem Schluss nach unten nebeneinander auf den mit der Dauerbackfolie belegten Brotschieber legen und sofort samt Dauerbackfolie in den vorgeheizten Backofen befördern. Mit 60–70 ml Wasser beschwaden, die Temperatur auf 220 °C regeln und 40–45 Minuten kräftig backen. ❼ Herausnehmen, die Brote mit Wasser besprühen und auf einem Küchengitter auskühlen lassen.

Nährwerte
pro Scheibe: 111 kcal, F 1 | KH 21 | B 1 | EW 4
pro 100 g: 184 kcal, F 1 | KH 35 | B 2 | EW 7

Allergene
Weizen, Roggen, Gluten, Hefe, Ackerbohne, Histamin, Kümmel

Komplettes Rezept auf Seite 123

Genetztes

Step 4

Den Teig in die eingeölte Teigwanne legen, abdecken und bei Raumtemperatur etwa 30 Minuten ruhen lassen. Dann einmal dehnen und falten, abdecken und im Kühlschrank bei 5 °C etwa 22 Stunden (oder 16–24 Stunden) reifen lassen.

Komplettes Rezept auf Seite 127

Vollkorntoastbrot

Step 4

Teig auf die bemehlte Arbeitsfläche geben, mit der flachen Hand oder mit den Fingern durch sanftes Drücken entgasen und zu einem straffen Zylinder aufrollen. In drei gleich große Stücke teilen, dann quer nebeneinander in die eingeölte Backform legen, sodass die Schnittflächen an der Seitenwand liegen. Abdecken und 2–3 Stunden gehen lassen, bis der Teig fast den Rand der Form erreicht hat.

Beispielhafter Zeitplan

Backtag	07:00	Mehlkochstück und Salz-Hefe-Mischung herstellen
	07:45	Hauptteig kneten
	08:45	Teigling entgasen, abstechen, in die Form geben
	11:00	Ofen vorheizen
	11:30	backen

POSITIVE GESUNDHEITSASPEKTE

+ geringerer Blutzuckeranstieg
+ mehr Ballaststoffe
+ länger sättigend

BESONDERS GEEIGNET BEI

+ Adipositas
+ Diabetes mellitus
+ Reizdarmsyndrom

A, D, F, R, S

Vollkorntoastbrot

Toastbrot erfreut sich in der Bevölkerung großer Beliebtheit. Mit diesem Rezept stellen Sie ein Brot her, das nahezu vollständig aus Vollkornmehl besteht. Damit wird das Frühstück ernährungsphysiologisch aufgewertet, da Vollkorn mehr Ballast- und Mineralstoffe sowie mehr Vitamine liefert als Weißmehl. Lediglich ein kleiner Anteil helles Mehl sorgt dafür, dass der Teig auch die gewünschte Luftigkeit bekommt. Wenn ultrafein gemahlenes Vollkornmehl genommen wird, können Sie auch ausschließlich Vollkornmehl verwenden.

1 Brot, Teigmenge ca. 820 g

MEHLKOCHSTÜCK

100 g leitungskaltes Wasser
25 g Weizenvollkornmehl

SALZ-HEFE-MISCHUNG

40 g leitungskaltes Wasser
6 g frische Hefe
7 g Salz

HAUPTTEIG

200 g kalte Milch (3,5 % Fett; alternativ Milchersatzprodukt)
355 g Weizenvollkornmehl
45 g Weizenmehl Type 550 plus etwas zum Bemehlen
30 g Butter (alternativ Margarine oder veganer Butterersatz)
20 g Malzextrakt inaktiv (alternativ Honig oder Ahornsirup)
Pflanzenöl zum Einfetten

AUSSERDEM

Kastenform mit Deckel (etwa 23 cm Länge; oder Toastbrot-Backform)
Backstahl oder -stein (alternativ umgedrehtes Backblech)

1 MEHLKOCHSTÜCK Wasser und Mehl in einem Topf unter ständigem Rühren erhitzen, bis die Masse gut eingedickt ist. Vom Herd nehmen und 30–40 Minuten abkühlen lassen. **2 SALZ-HEFE-MISCHUNG** Die Zutaten in eine Schüssel geben, mit einem Löffel gut vermischen, abdecken und 30–40 Minuten bei Raumtemperatur ruhen lassen. **3 HAUPTTEIG** Milch, beide Mehle, Butter und Malzextrakt in die Rührschüssel der Küchenmaschine geben, Mehlkochstück und Salz-Hefe-Mischung hinzufügen und mit dem Knethaken 10–12 Minuten gut zu einem glatten Teig auskneten, dabei mit langsamer Geschwindigkeit beginnen und nach 3–4 Minuten auf mittlere Stufe stellen. (Alternativ von Hand mit der Grundmethode 20–25 Minuten kneten, dabei die Butter gleich zu Beginn hinzugeben.) Die Schüssel abdecken und den Teig bei Raumtemperatur etwa 45 Minuten reifen lassen. **4** Teig auf die bemehlte Arbeitsfläche geben, mit der flachen Hand oder mit den Fingern durch sanftes Drücken entgasen und zu einem straffen Zylinder aufrollen. In drei gleich große Stücke teilen, dann quer nebeneinander in die eingeölte Backform legen, sodass die Schnittflächen an der Seitenwand liegen. Abdecken und 2–3 Stunden gehen lassen, bis der Teig fast den Rand der Form erreicht hat. **5** Den Backofen mit Backstahl oder -stein (mittlere Schiene) auf 220 °C Ober-/Unterhitze vorheizen. **6** Den eingeölten Deckel der Backform aufsetzen, in den vorgeheizten Ofen geben, die Temperatur auf 200 °C reduzieren und etwa 40 Minuten backen (falls sich der Deckel der Form abhebt, diesen nach 5–10 Minuten einmal herunterdrücken). **7** Aus dem Ofen nehmen, sofort aus der Form stürzen und das Toastbrot auf einem Küchengitter etwa 30 Minuten abkühlen lassen. Wer eine weiche Kruste möchte, legt das Brot dann in einen großen Gefrierbeutel.

4 Seite 125

Nährwerte

pro Scheibe: 133 kcal, F 3 | KH 21 | B 4 | EW 4
pro 100 g: 221 kcal, F 5 | KH 34 | B 6 | EW 7

Allergene

Weizen, Gluten, Hefe, Histamin, evtl. Laktose/Milcheiweiß, evtl. Gerste, evtl. Honig, evtl. Ahorn

Quark-Schrotbrot

Ein saftig-kerniges Brot mit hohem Ballaststoff- und Eiweißgehalt, das durch sein rustikales Äußeres besticht. Mit seiner geschmeidigen Konsistenz ist Quark eine natürliche Quelle für Eiweiß und deshalb von Sportlern sehr geschätzt. Dem Brot verleiht er einen leicht säuerlichen Geschmack, der gut mit dem kernigen Roggenschrot harmoniert.

1 Brot, Teigmenge ca. 960 g

SAUERTEIG
115 g Wasser (40 °C)
24 g Sauerteig-Anstellgut (siehe Seite 46 ff.)
50 g grober Roggenschrot
65 g Roggenvollkornmehl
2 g Salz

BRÜHSTÜCK
105 g grober Roggenschrot
130 g kochendes Wasser

HAUPTTEIG
40 g leitungskaltes Wasser
120 g Quark (20 oder 40 % Fett)
40 g Roggenmehl Type 1370
260 g Weizenmehl Type 550
5 g frische Hefe
12 g Salz
Pflanzenöl zum Einfetten
Roggenvollkornmehl und Roggenschrot zum Bemehlen

AUSSERDEM
Teigwanne mit Deckel
Gärkörbchen
Backstahl oder -stein (alternativ umgedrehtes Backblech)
Dauerbackfolie (alternativ Backpapier)
Brot- oder Pizzaschieber (alternativ großes Küchenbrett)

VORTAG ❶ **SAUERTEIG** Die Zutaten in eine Schüssel geben, mit einem Löffel gut vermischen, abdecken und bei Raumtemperatur etwa 12 Stunden (oder 10–14 Stunden) reifen lassen.

BACKTAG ❷ **BRÜHSTÜCK** Den Roggenschrot in eine Schüssel geben, Wasser darübergießen, gut verrühren und etwa 60 Minuten abkühlen lassen. ❸ **HAUPTTEIG** Wasser, Quark, beide Mehle, Hefe und Salz in die Rührschüssel der Küchenmaschine geben, Sauerteig und Brühstück hinzufügen und mit dem Knethaken 10–12 Minuten zu einem glatten weichen Teig kneten, der sich von der Schüssel löst, dabei mit langsamer Geschwindigkeit beginnen und nach 3–4 Minuten auf mittlere Stufe stellen. (Alternativ von Hand mit der Grundmethode 20–25 Minuten kneten.) Den Teig in die eingeölte Teigwanne geben, abdecken und bei Raumtemperatur etwa 60 Minuten reifen lassen. ❹ Den Teig auf die bemehlte Arbeitsfläche stürzen und rundwirken. Mit dem Schluss nach unten in das mit Vollkornmehl und Schrot bemehlte Gärkörbchen geben und 50–60 Minuten reifen lassen. ❺ Inzwischen den Backofen mit Backstahl oder -stein (mittlere Schiene) auf 240 °C Ober-/Unterhitze vorheizen. ❻ Den Teigling mit dem Schluss nach oben auf einen mit einer Dauerbackfolie belegten Brotschieber stürzen, samt Dauerbackfolie in den vorgeheizten Ofen einschießen und mit 60–70 ml Wasser beschwaden. Die Temperatur auf 210 °C reduzieren und etwa 60 Minuten backen. ❼ Aus dem Ofen nehmen, das Brot nach Belieben für einen leichten Glanz mit Wasser einsprühen und auf einem Küchengitter auskühlen lassen.

Beispielhafter Zeitplan

Vortag	20:00	Sauerteig herstellen
Backtag	07:00	Brühstück herstellen
	08:00	Hauptteig kneten
	09:15	Teigling rundwirken, ins Gärkörbchen geben
	09:45	Ofen vorheizen
	10:15	beschwaden, backen

Nährwerte
pro Scheibe: 118 kcal, F 1 | KH 22 | B 2 | EW 4
pro 100 g: 197 kcal, F 2 | KH 37 | B 3 | EW 7

Allergene
Weizen, Roggen, Gluten, Laktose/Milcheiweiß, Hefe, Histamin

POSITIVE GESUNDHEITSASPEKTE

- + geeignet bei Diät
- + geringerer Blutzuckeranstieg
- + hoher Proteingehalt

BESONDERS GEEIGNET BEI

- + Adipositas
- + Diabetes mellitus
- + Reizdarmsyndrom

POSITIVE GESUNDHEITSASPEKTE

+ mehr Ballaststoffe
+ frei von raffiniertem Zucker
+ lange sättigend

BESONDERS GEEIGNET BEI

+ Adipositas
+ Diabetes mellitus
+ Reizdarmsyndrom

Beispielhafter Zeitplan

Vortag	20:00	Sauerteig herstellen
Backtag	08:00	Kakaopaste herstellen, Hauptteig kneten, Datteln schneiden, Nüsse hacken
	10:15	Teiglinge rundwirken, langwirken, in die Gärkörbchen geben
	11:00	Ofen vorheizen
	11:30	Teiglinge einschneiden, beschwaden, backen

A, D, R, S

Schokolaib

Die Inspiration zu diesem Brot verdanke ich der Teilnahme an einem Backkurs beim englischen Meisterbäcker Wayne Caddy. Ich habe Waynes Rezept so modifiziert, dass es ballaststoffreicher und weniger süß wird. Das Brot auf Ihrer Frühstückstafel verspricht einen unwiderstehlichen Genuss, den Sie höchstwahrscheinlich in dieser Form noch nicht erlebt haben. Selbst mit dem Zusatz von Datteln harmoniert es perfekt mit herzhaften Belägen.

2 Brote,
Teigmenge ca. 610 g pro Stück

SAUERTEIG
85 g Wasser (40 °C)
8 g Sauerteig-Anstellgut (siehe Seite 46 ff.)
85 g Roggenvollkornmehl

KAKAOPASTE
30 g Kakaopulver
4 g gemahlener Zimt (nach Belieben)
90 g Milch (3,5 % Fett)

HAUPTTEIG
280 g leitungskaltes Wasser
415 g Weizenvollkornmehl
100 g Weizenmehl Type 550 plus etwas zum Bemehlen
12 g Salz
4 g frische Hefe
60 g entsteinte Datteln
60 g Pekannüsse

AUSSERDEM
2 Gärkörbchen
Backstahl oder -stein (alternativ umgedrehtes Backblech)
Dauerbackfolie (alternativ Backpapier)
Brot- oder Pizzaschieber (alternativ großes Küchenbrett)

VORTAG ❶ **POOLISH** Die Zutaten in eine Schüssel geben, mit einem Löffel gut vermischen, abdecken und bei Raumtemperatur etwa 12 Stunden (oder 10–14 Stunden) reifen lassen.
BACKTAG ❷ **KAKAOPASTE** Wasser, beide Mehle, Salz und Hefe in die Rührschüssel der Küchenmaschine geben, den Sauerteig hinzufügen und mit dem Knethaken 8–12 Minuten zu einem glatten Teig kneten, dabei mit langsamer Geschwindigkeit beginnen und nach 2–4 Minuten auf mittlere Stufe stellen. (Alternativ von Hand mit der Grundmethode 20–25 Minuten kneten.) ❸ Inzwischen die Datteln fein würfeln und, falls erwünscht, in einen Mixbecher geben und mit dem Stabmixer pürieren. Die Pekannüsse grob hacken. ❹ Nun die Kakaopaste langsam zum glatt gekneteten Teig geben und einarbeiten. Gewürfelte oder pürierte Datteln und gehackte Pekannüsse vorsichtig unterkneten, bis der Teig wieder glatt ist. ❺ Die Schüssel abdecken und den Teig bei Raumtemperatur etwa 2 Stunden ruhen lassen, dabei nach etwa 60 Minuten einmal dehnen und falten. ❻ Den Teig auf die bemehlte Arbeitsfläche geben, halbieren (à etwa 610 g), die Teiglinge erst locker rundwirken, dann langwirken und in eine ovale Form bringen. Mit Schluss nach oben in die beiden bemehlten Gärkörbchen legen, abdecken und bei Raumtemperatur 60–70 Minuten gehen lassen. ❼ Inzwischen den Backofen mit Backstahl oder -stein (mittlere Schiene) auf 240 °C Heißluft oder Umluft vorheizen. ❽ Die Teiglinge nebeneinander auf den mit Dauerbackfolie belegten Brotschieber stürzen, längs einschneiden, samt Dauerbackfolie in den vorgeheizten Ofen einschießen und sofort mit 50–60 ml Wasser beschwaden. Die Temperatur auf 210 °C reduzieren und 30–35 Minuten backen. ❾ Herausnehmen, die Brote mit Wasser besprühen und auf einem Küchengitter auskühlen lassen.

6 Seite 132

Tipp Mit Gärkörbchen ist es einfacher, aber wer keine zwei Körbchen hat, legt die Teiglinge nebeneinander auf ein bemehltes Küchentuch, zieht das Tuch dazwischen hoch und lässt sie abgedeckt reifen. Das geht ganz gut, da die Teiglinge Stand genug haben, also nicht auseinanderlaufen.

Nährwerte
pro Scheibe: 132 kcal, F 3 | KH 22 | B 4 | EW 4
pro 100 g: 221 kcal, F 5 | KH 36 | B 7 | EW 7

Allergene
Weizen, Roggen, Gluten, Hefe, Histamin, Datteln, Pekannuss, Zimt, Laktose/Milcheiweiß

Komplettes Rezept auf Seite 131

Schokolaib

Step 6

Den Teig auf die bemehlte Arbeitsfläche geben, halbieren (à etwa 610 g), die Teiglinge erst locker rundwirken, dann langwirken und in eine ovale Form bringen. Mit dem Schluss nach oben in die beiden bemehlten Gärkörbchen legen, abdecken und bei Raumtemperatur 60–70 Minuten gehen lassen.

Komplettes Rezept auf Seite 135

Thüringer Vollkornlandbrot

Step 3

Den Teig auf die mit Roggenmehl bemehlte Arbeitsfläche stürzen, zunächst locker rundwirken und dann straff langwirken. Das Gärkörbchen mit einem Küchentuch auslegen und dieses dünn mit Kartoffel- oder Reismehl bemehlen. Den Teigling mit dem Schluss nach oben hineinlegen, abdecken und bei Raumtemperatur 70–80 Minuten reifen lassen.

POSITIVE GESUNDHEITSASPEKTE

+ geringerer Blutzuckeranstieg
+ viele Ballaststoffe
+ lange sättigend

BESONDERS GEEIGNET BEI

+ Adipositas
+ Diabetes mellitus
+ Reizdarmsyndrom

Beispielhafter Zeitplan

Vortag	20:00	Sauerteig herstellen
Backtag	08:00	Hauptteig kneten
	08:45	Teigling rundwirken, langwirken, ins Gärkörbchen geben
	09:45	Ofen vorheizen
	10:15	stippen, besprühen, beschwaden, backen
	10:20	Dampf entweichen lassen

A, D, F, L, R, S

Thüringer Vollkornlandbrot

Das Thüringer Vollkornlandbrot ist ein lecker-aromatisches Traditionsbrot aus Mitteldeutschland. Es besteht zu 100 Prozent aus Vollkorn und ist von der Zusammensetzung her ein typisches Roggenmischbrot. Das macht es zu einem Allrounder, der zu jeder Mahlzeit und zu jedem Belag gut passt.

1 Brot, Teigmenge ca. 1.070 g

SAUERTEIG
145 g Wasser (40 °C)
28 g Sauerteig-Anstellgut (siehe Seite 46 ff.)
145 g Roggenvollkornmehl
3 g Salz

HAUPTTEIG
280 g leitungskaltes Wasser
185 g Roggenvollkornmehl plus etwas zum Bemehlen
270 g Weizenvollkornmehl
5 g frische Hefe
10 g Salz
2 g gemahlener Kümmel
Kartoffel- oder Reismehl zum Bemehlen

AUSSERDEM
Gärkörbchen
Teigwanne mit Deckel
Backstahl oder -stein (alternativ umgedrehtes Backblech)
Dauerbackfolie (alternativ Backpapier)
Stipprolle (alternativ Schaschlikspieß)
Brot- oder Pizzaschieber (alternativ großes Küchenbrett)

VORTAG ❶ **SAUERTEIG** Die Zutaten in eine Schüssel geben, mit einem Löffel gut vermischen, abdecken und bei Raumtemperatur etwa 12 Stunden (oder 10–18 Stunden) reifen lassen.

BACKTAG ❷ **HAUPTTEIG** Wasser, beide Mehle, Hefe, Salz und Kümmel in die Rührschüssel der Küchenmaschine geben, den Sauerteig hinzufügen und mit dem Knethaken 8–10 Minuten zu einem gebundenen Teig kneten, der sich vom Schüsselrand löst, dabei mit langsamer Geschwindigkeit beginnen und nach 2–3 Minuten auf mittlere Stufe stellen. (Alternativ von Hand mit der Grundmethode 20–25 Minuten kneten.) Die Schüssel abdecken und den Teig etwa 30 Minuten ruhen lassen. ❸ Den Teig auf die mit Roggenmehl bemehlte Arbeitsfläche stürzen, zunächst locker rundwirken und dann straff langwirken. Das Gärkörbchen mit einem Küchentuch auslegen und dieses dünn mit Kartoffel- oder Reismehl bemehlen. Den Teigling mit dem Schluss nach oben hineinlegen, abdecken und bei Raumtemperatur 70–80 Minuten reifen lassen. ❹ Inzwischen den Backofen mit Backstahl oder -stein (mittlere Schiene) auf 250 °C Ober-/Unterhitze vorheizen. ❺ Teigling auf den mit Dauerbackfolie belegten Brotschieber stürzen, mit der Stipprolle stippen (oder mit dem Spieß etwa 5 mm tiefe Löcher einstechen) und mit Wasser besprühen. Samt Dauerbackfolie in den vorgeheizten Ofen einschießen, mit 50–60 ml Wasser beschwaden und 50–55 Minuten backen, dabei nach 3–4 Minuten den Dampf durch Öffnen der Ofentür entweichen lassen und die Temperatur auf 210 °C regeln. ❻ Aus dem Ofen nehmen, Brot mit Wasser besprühen/bestreichen und auf einem Küchengitter auskühlen lassen.

③ Seite 133

Tipp Für einen besonderen Glanz etwa 1 EL Speisestärke mit etwas heißem Wasser zu einer leicht angedickten Flüssigkeit anrühren und die Glanzstreiche direkt nach dem Backen gleichmäßig dünn auf die Kruste pinseln.

Nährwerte
pro Scheibe: 107 kcal, F 1 | KH 21 | B 2 | EW 4
pro 100 g: 179 kcal, F 1 | KH 34 | B 3 | EW 6

Allergene
Weizen, Roggen, Gluten, Hefe, Histamin, Kümmel, Kartoffel

Beispielhafter Zeitplan

Vortag	20:00	Sauerteig, Poolish und Quellstück herstellen
Backtag	08:00	Hauptteig kneten
	08:45	Teig langwirken, in die Form geben
	10:15	Ofen vorheizen
	10:45	Teigling evtl. einschneiden, beschwaden, backen

POSITIVE GESUNDHEITSASPEKTE

+ geringer Blutzuckeranstieg
+ hoher Proteingehalt
+ lange sättigend
+ viele Mikronährstoffe

BESONDERS GEEIGNET BEI

+ Adipositas
+ Diabetes mellitus
+ Reizdarmsyndrom

Erbsenschrot-Kanten

Geschrotete gelbe Erbsen, auch Kastanienerbsen genannt, sind eine hochinteressante Brotzutat. Ihr hoher Gehalt an Eiweiß und Vitamin B_9 (Folsäure) sorgt für Brote mit höherem Nährwert und niedrigerem glykämischem Index, die länger sättigen. Auch geschmacklich ist das Schrot sehr empfehlenswert. Es sollte in jedem Fall gut aufquellen, bevor es zum Teig gegeben wird. In diesem Brotrezept wird es mit Leinsamen kombiniert, die zusätzliche wichtige Nährstoffe liefern. Erbsenschrot kann man im Online-Versandhandel bestellen oder aus getrockneten gelben Erbsen selbst herstellen.

1 Brot, Teigmenge ca. 1.220 g

SAUERTEIG
140 g Wasser (40 °C)
14 g Sauerteig-Anstellgut (siehe Seite 46 ff.)
140 g Roggenvollkornmehl

POOLISH
80 g leitungskaltes Wasser
80 g Weizenmehl Type 1050
0,1 g frische Hefe

QUELLSTÜCK
130 g leitungskaltes Wasser
80 g Erbsenschrot (Kastanienerbsen; alternativ Weizenschrot)
50 g Leinsamen

HAUPTTEIG
170 g leitungskaltes Wasser
280 g Weizenmehl Type 1050 plus etwas zum Bemehlen
50 g Roggenvollkornmehl
12 g Salz
Pflanzenöl zum Einfetten

AUSSERDEM
rechteckiger Holzbackrahmen (23–25 cm Länge; alternativ Kastenform)
Dauerbackfolie (alternativ Backpapier)
Backstahl oder -stein (alternativ umgedrehtes Backblech)

VORTAG ❶ **SAUERTEIG** Zutaten in einer Schüssel mit einem Löffel gut vermischen, abdecken und bei Raumtemperatur etwa 12 Stunden (oder 10–14 Stunden) reifen lassen. ❷ **POOLISH** Die Zutaten in einer Schüssel ebenfalls vermischen und bei Raumtemperatur abgedeckt etwa 12 Stunden (oder 10–14 Stunden) ruhen lassen. ❸ **QUELLSTÜCK** Die Zutaten in einer Schüssel vermischen, abdecken und bei Raumtemperatur etwa 12 Stunden (oder 10–14 Stunden) quellen lassen.

BACKTAG ❹ **HAUPTTEIG** Wasser, beide Mehle und Salz in die Rührschüssel der Küchenmaschine geben, Sauerteig und Poolish hinzufügen und mit dem Knethaken 8–10 Minuten zu einem glatten Teig kneten, dabei mit langsamer Geschwindigkeit beginnen und nach 2–3 Minuten auf mittlere Stufe stellen. Dann das Quellstück aus Erbsenschrot hinzufügen und langsam einarbeiten. (Alternativ von Hand mit der Grundmethode 20–25 Minuten kneten, dabei das Quellstück gleich zu Beginn hinzugeben.) Die Schüssel abdecken und den Teig bei Raumtemperatur etwa 30 Minuten ruhen lassen. ❺ Den Teig auf die bemehlte Arbeitsfläche geben und langwirken. Den Holzbackrahmen innen mit Öl ausstreichen, auf ein mit der Dauerbackfolie belegtes Backblech setzen, den Teig mit Schluss nach unten hineinlegen, abdecken und bei Raumtemperatur etwa 2 Stunden gehen lassen, bis er knapp unter dem Rand steht. ❻ Inzwischen den Backofen mit Backstahl oder -stein (mittlere Schiene) auf 240 °C Ober-/Unterhitze vorheizen. ❼ Die Teigoberfläche nach Belieben einschneiden, in den vorgeheizten Ofen schieben, mit 50–60 ml Wasser beschwaden, die Temperatur auf 200 °C reduzieren und 60–70 Minuten kräftig backen. ❽ Aus dem Ofen nehmen, das Brot aus dem Backrahmen lösen, die Oberfläche mit Wasser einsprühen und auf einem Küchengitter auskühlen lassen.

Nährwerte
pro Scheibe: 109 kcal, F 1 | KH 19 | B 2 | EW 5
pro 100 g: 182 kcal, F 2 | KH 32 | B 3 | EW 8

Allergene
Weizen, Roggen, Gluten, Erbse, Leinsamen, Hefe, Histamin

Knusperstangen

Knusprig-kernig kommen sie aus dem Ofen, diese dunklen Knusperstangen, die sich perfekt für die Brotzeit eignen. Mit ihrem Vollkornanteil und angereichert mit gerösteten Saaten sind sie gut sättigend und voller wichtiger Nährstoffe.

9 Stangen,
Teigmenge ca. 100 g pro Teigling

VORTEIG
40 g sehr trockenes Altbrot, Sorte nach Wahl (alternativ Semmelbrösel)
170 g leitungskaltes Wasser
130 g Weizenvollkornmehl
0,2 g frische Hefe (entspricht ca. 2 reiskorngroßen Stücken)

QUELLSTÜCK
40 g Leinsamen
40 g Sonnenblumenkerne
80 g leitungskaltes Wasser

HAUPTTEIG
110 g leitungskaltes Wasser
3 g frische Hefe
255 g Weizenmehl Type 550 plus etwa zum Bemehlen
10 g Salz
20 g Schmalz (alternativ Butter oder Margarine)
10 g dunkles Gerstenmalz inaktiv (nach Belieben)
4–5 EL Saatenmischung (z. B. Mohn-, Sesamsaat, Sonnenblumenkerne) zum Wälzen

AUSSERDEM
2 Dauerbackfolien (oder Backpapier)
Brot- oder Pizzaschieber (oder großes Küchenbrett)
Backstahl oder -stein (oder umgedrehtes Backblech)

VORTAG ❶ **VORTEIG** Das trockene Brot fein reiben oder im Multizerkleinerer zermahlen und in eine Schüssel geben. Wasser, Vollkornmehl und Hefe hinzufügen, mit einem Löffel gut verrühren, abdecken und den Vorteig bei Raumtemperatur etwa 12 Stunden (oder 10–14 Stunden) reifen lassen.
BACKTAG ❷ **QUELLSTÜCK** Wasser, Hefe, Mehl, Salz, Schmalz und nach Belieben Gerstenmalz in die Rührschüssel der Küchenmaschine geben, den Vorteig hinzufügen und mit dem Knethaken 8–10 Minuten zu einem festen, glatten Teig verkneten, der nicht mehr reißt, dabei mit langsamer Geschwindigkeit beginnen und nach 2–3 Minuten auf mittlere Stufe stellen. Dann das Quellstück 2–3 Minuten langsam einarbeiten, bis sich der Teig fast vollständig von der Schüssel löst. Die Schüssel abdecken und den Teig bei Raumtemperatur etwa 60 Minuten reifen lassen. (Alternativ von Hand mit der Grundmethode 20–25 Minuten kneten, dabei das Quellstück gleich zu Beginn hinzufügen.) ❸ Den Teig auf die bemehlte Arbeitsfläche stürzen und in neun gleich große Stücke (à 100 g) teilen. Die Teiglinge rundschleifen und kurz ruhen lassen. Dann mit dem Rollholz zu länglich-ovalen Teigfladen (etwa 25 cm lang) ausrollen und jeweils von einer Spitze beginnend straff aufrollen, dabei mittig mehr Druck ausüben, damit die Stangen 15–20 cm lang werden. ❹ Die Teigstangen rundum mit Wasser befeuchten, in der Saatenmischung wälzen, mit dem Schluss nach unten auf den mit der Dauerbackfolie belegten Brotschieber geben, abdecken und bei Raumtemperatur 70–90 Minuten gehen lassen, bis sich das Volumen mehr als verdoppelt hat. ❺ Inzwischen den Backofen mit Backstahl oder -stein (mittlere Schiene) auf 230 °C Heißluft oder Umluft vorheizen. ❻ Die Teiglinge längs einschneiden, samt Dauerbackfolie in den vorgeheizten Ofen (mittlere Schiene) einschießen, mit etwa 50 ml Wasser beschwaden und 19–20 Minuten knusprig backen. ❼ Herausnehmen und die Knusperstangen auf einem Küchengitter auskühlen lassen.

Tipp Für eine leckere Alternative mit alpenländischem Touch dem Teig etwas Brotgewürz (Fenchel, Anis, Kümmel) hinzufügen und die Stangen vor dem Backen mit Kümmel und etwas Brezelsalz bestreuen.

Nährwerte
pro Stück (100 g): 251 kcal
F 9 | KH 33 | B 5 | EW 9

Allergene Weizen, Gluten, Hefe, Histamin, evtl. Laktose/Milcheiweiß, Leinsamen, Sonnenblume, Saaten (Mohn, Sesam etc.), evtl. Schwein, evtl. Gerste (je nach Bestandteilen des Altbrotes können weitere Allergene enthalten sein)

POSITIVE GESUNDHEITSASPEKTE

+ geringer Blutzuckeranstieg
+ mehr Ballaststoffe
+ lange sättigend
+ viele Mikronährstoffe

BESONDERS GEEIGNET BEI

+ Adipositas
+ Diabetes mellitus
+ Reizdarmsyndrom

Beispielhafter Zeitplan

Vortag	19:30	Vorteig herstellen
Backtag	06:45	Quellstück herstellen
	08:00	Hauptteig herstellen
	09:15	Teiglinge schleifen, formen, wälzen
	11:00	Teiglinge einschneiden, evtl. bestreuen, beschwaden, backen

POSITIVE GESUNDHEITSASPEKTE

+ geringerer Blutzuckeranstieg
+ mehr Ballaststoffe
+ lange Sättigung

BESONDERS GEEIGNET BEI

+ Adipositas
+ Diabetes mellitus
+ Reizdarmsyndrom

A, D, F, L, R, S

Vollkornbaguette

Baguette mit Vollkornanteil gibt es nach meiner Erfahrung nahezu nirgends zu kaufen. Nach einigen Versuchen ist es mir am besten mit einer Abwandlung der Rezeptur des Profibäckers Claudio Perrando gelungen. Durch Kombination zweier Vorteige erreichen Sie ausgesprochen schmackhafte und aromatisch-knusprige Baguettes, die auch innen leicht und luftig werden.

4 Baguettes,
Teigmenge ca. 230 g pro Stück

POOLISH

200 g leitungskaltes Wasser
200 g Weizenvollkornmehl
0,3 g frische Hefe (entspricht ca. 3 reiskorngroßen Stücken)

SAUERTEIG

40 g Wasser (40 °C)
50 g Sauerteig-Anstellgut (siehe Seite 46 ff.)
50 g Weizenvollkornmehl

HAUPTTEIG

125 g leitungskaltes Wasser
250 g Weizenmehl Type 550 plus etwas zum Bemehlen
12 g Salz
Pflanzenöl zum Einfetten

AUSSERDEM

Teigwanne mit Deckel
Backstahl oder -stein (alternativ umgedrehtes Backblech)
Dauerbackfolie (alternativ Backpapier)
Brot- oder Pizzaschieber (alternativ großes Küchenbrett)

VORTAG ❶ **POOLISH** Die Zutaten in eine Schüssel geben, mit einem Löffel gut vermischen, abdecken und bei Raumtemperatur gut 12 Stunden (oder bis zu 14 Stunden) ruhen lassen.

BACKTAG ❷ **SAUERTEIG** Den Backofen mit Backstahl oder -stein bei Ober-/Unterhitze auf 30 °C vorheizen. Die Zutaten in einer Schüssel gut vermischen. Den vorgeheizten Ofen ausschalten, die abgedeckte Schüssel in den Ofen geben und den Teig etwa 2 Stunden bei 28–30 °C reifen lassen. (Die Temperatur sinkt langsam, hält aber recht lange an.) ❸ **HAUPTTEIG** Wasser, Mehl und Salz in die Rührschüssel der Küchenmaschine geben, Poolish und Sauerteig hinzufügen und mit dem Knethaken 12–14 Minuten zu einem glatten Teig verkneten, der sich von der Schüssel löst, dabei mit langsamer Geschwindigkeit beginnen, nach 4–5 Minuten auf mittlere und nach weiteren 2–3 Minuten auf hohe Stufe stellen. Wenn möglich, auch auf die Teigtemperatur achten, die 24–26 °C betragen sollte. (Alternativ von Hand mit der Grundmethode 25–30 Minuten kneten.) ❹ Teig in die eingeölte Teigwanne legen, abdecken und bei Raumtemperatur 1 ½–2 ½ Stunden reifen lassen, bis sich das Teigvolumen verdoppelt hat. Dabei je nach Stand des Teiges, also wenn sich das Klebergerüst noch nicht ausreichend entwickelt hat, in den ersten 45 Minuten ein- bis zweimal dehnen und falten. ❺ Den Teig auf die

Fortsetzung auf der nächsten Seite

Nährwerte

pro Stück: 440 kcal, F 2 | KH 87 | B 11 | EW 14

pro 100 g: 191 kcal, F 1 | KH 38 | B 5 | EW 6

Allergene

Weizen, Gluten, Hefe, Histamin

Fortsetzung Vollkornbaguette

Tipp Schauen Sie sich im Internet Videos an, wie Baguettes geformt werden, wenn Sie es noch nie gemacht haben. Seien Sie nicht enttäuscht, wenn das Ergebnis nicht sofort perfekt wird. Baguettes gehören zu den anspruchsvolleren Broten, für die es etwas Erfahrung braucht.

leicht bemehlte Arbeitsfläche stürzen, in vier Stücke (à etwa 230 g) teilen, die Teiglinge jeweils von der kurzen Seite locker zu einem Zylinder aufrollen, dabei die Teigkante bei jedem Umschlagen leicht andrücken, am Ende liegt der Schluss unten. Abdecken und auf der Arbeitsfläche etwa 30 Minuten ruhen lassen. **6** Dann die Teiglinge zu straffen Baguettes formen, möglichst ohne die Gärblasen zu zerstören. Dazu den Teigrand von einer Längsseite über den Teigling ziehen und etwa in der Mitte leicht andrücken, dann das Umschlagen noch mal wiederholen. Den Teigling um die eigene Achse drehen (nicht wenden) und den Vorgang von der anderen Seite wiederholen, dabei beim Umschlagen, falls nötig, Stück für Stück vorgehen. Dann sanft zu einer Länge von etwa 40 cm rollen und die Enden dabei spitz formen (siehe Seite 143). Mit dem Schluss nach oben und mit Abstand zueinander auf ein großes, leicht bemehltes Küchentuch legen, das Tuch zwischen den Teiglingen etwas hochziehen, abdecken und etwa 60 Minuten reifen lassen. **7** Inzwischen den Backofen mit Backstahl oder -stein (mittlere Schiene) auf 230 °C Heißluft oder Umluft vorheizen. **8** Die Teiglinge mit dem Schluss nach unten auf den mit einer Dauerbackfolie belegten Brotschieber geben, drei- bis viermal schräg einschneiden und samt Dauerbackfolie sofort in den vorgeheizten Ofen einschießen. Mit 60–70 ml Wasser beschwaden und 17–19 Minuten backen, dabei nach 10 oder 11 Minuten die Temperatur auf 250 °C erhöhen. **9** Aus dem Ofen nehmen, die Baguettes mit Wasser besprühen und auf einem Küchengitter auskühlen lassen.

Beispielhafter Zeitplan

Vortag	20:00	Vorteig herstellen
Backtag	06:00	Sauerteig herstellen
	08:15	Hauptteig herstellen
	10:30	Teiglinge abstechen, vorformen
	11:15	Baguette-Teiglinge formen
	12:00	Ofen vorheizen
	12:30	Teiglinge einschneiden, beschwaden, backen

1
2
3
4
5
6
7
8
9
10
11
12

A, D, L, R, S

Karotti

Dieses 100-Prozent-Vollkornbrot hat es in sich. Roggenvollkornmehl und Weizenvollkornmehl werden mit einem Brühstück aus gerösteten Haferflocken, Leinsamen und Kürbiskernen vereint, das für eine gute Frischhaltung und saftige Krume sorgt. Als Clou werden in den Teig noch geraspelte Karotten eingeknetet, die für zusätzliche Saftigkeit und Biss sorgen. Neben seinem Ballaststoffreichtum bietet dieses Brot wichtige Nährstoffe aus Leinsamen, Hafer und Karotten.

1 Brot, Teigmenge ca. 900 g

SAUERTEIG

90 g Wasser (40 °C)
5 g Sauerteig-Anstellgut (siehe Seite 46 ff.)
90 g Roggenvollkornmehl

BRÜHSTÜCK

35 g Haferflocken
35 g Leinsamen
35 g Kürbiskerne
165 g leitungskaltes Wasser

HAUPTTEIG

120 g leitungskaltes Wasser
4 g frische Hefe
250 g Weizenvollkornmehl plus etwas zum Bemehlen
10 g Pflanzenöl plus etwas zum Einfetten
10 g Salz
70 g Karotte
3–4 EL Saatenmischung (z. B. Mohn-, Sesamsaat, Sonnenblumenkerne) zum Wälzen

AUSSERDEM

Teigwanne mit Deckel
Gärkörbchen
Backstahl oder -stein (alternativ umgedrehtes Backblech)
Dauerbackfolie (oder Backpapier)
Brot- oder Pizzaschieber (alternativ großes Küchenbrett)

VORTAG ❶ **SAUERTEIG** Die Zutaten in eine Schüssel geben, mit einem Löffel gut vermischen, abdecken und bei Raumtemperatur etwa 12 Stunden (oder 10–14 Stunden) reifen lassen.

BACKTAG ❷ **BRÜHSTÜCK** Haferflocken, Leinsamen und Kürbiskerne in einer Pfanne leicht rösten. In eine Schüssel geben, mit dem Wasser übergießen und etwa 60 Minuten quellen lassen. ❸ **HAUPTTEIG** Wasser, Hefe, Vollkornmehl, Öl und Salz in die Rührschüssel der Küchenmaschine geben und mit dem Knethaken 7–10 Minuten zu einem glatten, festen Teig kneten, der sich von der Schüssel löst, dabei mit langsamer Geschwindigkeit beginnen und nach 2–4 Minuten auf mittlere Stufe stellen. ❹ Inzwischen die Karotte schälen oder abschrubben und grob raspeln (es sollten 60 g sein). Karottenraspel und Brühstück zum Teig geben und bei langsamer Geschwindigkeit mindestens 3–4 Minuten kneten, bis dieser sich wieder von der Schüssel löst. (Alternativ von Hand etwa 20 Minuten mit der Grundmethode kneten, dabei Karottenraspel und Brühstück gleich zu Beginn hinzufügen.) Den weichen Teig in die eingeölte Teigwanne geben, abdecken und etwa 60 Minuten reifen lassen, dabei nach 20–30 Minuten ein- bis zweimal dehnen und falten. ❺ Den Teig auf die bemehlte Arbeitsfläche stürzen und langwirken. Die Oberfläche mit Wasser befeuchten und in der Saatenmischung wälzen. Mit dem Schluss nach oben in das bemehlte Gärkörbchen geben, abdecken und bei Raumtemperatur 60–75 Minuten ruhen lassen. ❻ Inzwischen den Backofen mit Backstahl oder -stein (mittlere Schiene) auf 240 °C Ober-/Unterhitze vorheizen. ❼ Teigling auf den mit der Dauerbackfolie belegten Brotschieber stürzen, längs einschneiden, samt Dauerbackfolie in den vorgeheizten Ofen einschießen und mit 60–70 ml Wasser beschwaden. Die Temperatur auf 210 °C reduzieren und 50–55 Minuten backen. ❽ Herausnehmen und das Brot auf einem Küchengitter abkühlen lassen.

Nährwerte

pro Scheibe: 125 kcal, F 4 | KH 16 | B 4 | EW 5
pro 100 g: 208 kcal, F 7 | KH 26 | B 6 | EW 8

Allergene

Weizen, Roggen, Gluten, Hafer, Leinsamen, Karotte, Kürbis, Saaten (Mohn, Sesam, Sonnenblume etc.), Hefe, Histamin, Pflanzenöl

Beispielhafter Zeitplan

Vortag	20:00	Sauerteig herstellen
Backtag	07:00	Brühstück herstellen
	08:15	Hauptteig kneten
	09:45	Teigling langwirken, wälzen, ins Gärkörbchen geben
	10:45	Ofen vorheizen
	11:15	Teigling einschneiden, beschwaden, backen

POSITIVE GESUNDHEITSASPEKTE

+ geringerer Blutzuckeranstieg
+ mehr Ballaststoffe
+ lange sättigend
+ viele Mikronährstoffe

BESONDERS GEEIGNET BEI

+ Adipositas
+ Diabetes mellitus
+ Reizdarmsyndrom

POSITIVE GESUNDHEITSASPEKTE

+ mehr Ballaststoffe
+ längere Sättigung
+ hohe Bekömmlichkeit
+ lange Frischhaltung

BESONDERS GEEIGNET BEI

+ Adipositas
+ Diabetes mellitus
+ Reizdarmsyndrom

Beispielhafter Zeitplan am Backtag

07:00	Sauerteig, Malzstück herstellen
10:00	Malzstück aus dem Ofen nehmen
11:30	1. Hauptteigstufe mischen
15:40	2. Hauptteigstufe kneten
16:35	Teigling langwirken, ins Gärkörbchen geben
17:20	Ofen vorheizen
17:50	Mehlpaste herstellen, Teigling bestreichen, stippen
17:55	evtl. bestreuen, beschwaden, backen
17:55	Dampf entweichen lassen

Tipp

Wer möchte, bestreut den Teigling vor dem Backen noch mit Koriandersamen.

Borodinoer Brot

Borodinoer Brot, auch „Borodinsky" genannt, zählt zu den bekannten russischen Roggenmischbroten. Benannt nach einer Schlacht bei Borodino bei Moskau, tauchte das Rezept erstmals in den 1920er-Jahren auf. Es ist in der Herstellung aufwendig, denn der Teig wird über mehrere Stufen hergeführt und enthält ein Kochstück, bei dem Roggenmehl, Roggenmalz und Koriander über 3 Stunden bei 60 °C vermälzt werden. Nach gründlicher Fermentation entsteht ein besonders bekömmliches, haltbares Brot mit dunkler Krume.

1 Brot, Teigmenge ca. 1.270 g

SAUERTEIG

35 g Wasser (40 °C)
35 g Sauerteig-Anstellgut (am besten aus Roggen, siehe Seite 46 ff.)
35 g Roggenvollkornmehl

KOCH-/MALZSTÜCK

160 g Roggenvollkornmehl
30 g Roggenmalz inaktiv
3 g gemahlener Koriander
420 g kochendes Wasser

1. HAUPTTEIGSTUFE

0,5 g frische Hefe (entspricht etwa 1 sehr kleinen Erbse)

2. HAUPTTEIGSTUFE

60 g Wasser (40 °C)
40 g Zuckerrübensirup oder Dattelsirup
10 g Salz
360 g Roggenmehl Type 1370
100 g Weizenmehl Type 1050 plus etwas zum Bemehlen

MEHLPASTE

55 g leitungskaltes Wasser
20 g Weizenvollkornmehl
10 g Roggenmalz inaktiv

AUSSERDEM

Gärkörbchen
Backstahl oder -stein (alternativ umgedrehtes Backblech)
Dauerbackfolie (alternativ Backpapier)
Brot- oder Pizzaschieber (alternativ großes Küchenbrett)
Stipprolle (alternativ Essstäbchen)

❶ **SAUERTEIG** Zutaten mit einem Löffel in einer Schüssel gut vermischen, abdecken und bei Raumtemperatur etwa 4 ½ Stunden reifen lassen. ❷ **KOCH-/MALZSTÜCK** Den Backofen auf 65 °C Ober-/Unterhitze vorheizen. Roggenmehl, Roggenmalz und Koriander in einer ofenfesten Schüssel vermischen. Das kochende Wasser gut einrühren, abdecken und im vorgeheizten Ofen etwa 3 Stunden vermälzen lassen. Aus dem Ofen nehmen und bei Raumtemperatur etwa 90 Minuten abkühlen lassen. ❸ **1. HAUPTTEIGSTUFE** Den Sauerteig in die Schüssel mit dem Koch-/Malzstück geben, die Hefe hinzufügen, gut verrühren und abgedeckt etwa 4 Stunden reifen lassen. ❹ **2. HAUPTTEIGSTUFE** Die Zutaten in die Rührschüssel der Küchenmaschine geben, den Teig aus der ersten Stufe hinzufügen und mit dem Knethaken bei langsamer Geschwindigkeit 8–9 Minuten zu einem mittelweichen Teig kneten. (Alternativ von Hand mit der Grundmethode 8–9 Minuten kneten.) Die Schüssel abdecken und den Teig etwa 45 Minuten ruhen lassen. ❺ Den Teig auf die bemehlte Arbeitsfläche geben, langwirken, mit dem Schluss nach oben in das leicht bemehlte Gärkörbchen legen, abdecken und bei Raumtemperatur etwa 70 Minuten reifen lassen, bis sich das Volumen sichtbar vergrößert hat. ❻ Inzwischen den Backofen mit Backstahl oder -stein (mittlere Schiene) auf 280 °C Ober-/Unterhitze vorheizen. ❼ **MEHLPASTE** Die Zutaten zu einer dickflüssigen Mehlpaste verrühren. Den Teigling auf den mit der Dauerbackfolie belegten Brotschieber stürzen, mit der Paste einstreichen und stippen (oder mit dem Stäbchen etwa 5 mm tief einstechen). ❽ Den Teigling samt Dauerbackfolie in den vorgeheizten Ofen befördern und mit 30–40 ml Wasser beschwaden. Nach 4 Minuten durch Öffnen der Ofentür den Dampf entweichen lassen, Temperatur auf 210 °C reduzieren und 55–60 Minuten backen. ❾ Aus dem Ofen nehmen, das Brot sogleich mit Wasser besprühen und mindestens 12 Stunden auf einem Küchengitter abkühlen lassen.

Nährwerte

pro Scheibe: 111 kcal, F 1 | KH 23 | B 0 | EW 3
pro 100 g: 185 kcal, F 1 | KH 38 | B 1 | EW 5

Allergene

Roggen, Weizen, Gluten, Hefe, Koriander, evtl. Dattel, Histamin

POSITIVE GESUNDHEITSASPEKTE

+ ballaststoffreicher
+ länger sättigend

BESONDERS GEEIGNET BEI

+ schlechter Laune
+ Lust auf etwas Leckeres

Beispielhafter Zeitplan

Vortag	18:00	Teig kneten, kalt stellen
Backtag	06:00	Butterplatte herstellen, Teig ausrollen
	06:10	Butterplatte in den Teig einschlagen, einmal tourieren
	06:20	erneut tourieren, Teig ausrollen
	06:30	Teiglinge ausschneiden
	09:00	Teiglinge kalt stellen, Ofen vorheizen
	09:15	Lauge herstellen, Teiglinge belaugen, bestreuen
	09:30	backen

Laugenecken

Für mich zählen Laugenecken zu den schmackhaftesten Backwaren, die ich kenne. Für dieses Buch habe ich ein Rezept entwickelt, bei dem der Plunderteig mit etwas Vollkornmehl und Kartoffel aufgewertet wird. Die Brötchen werden dadurch etwas dunkler, aber auch etwas voller im Geschmack und besonders saftig.

8 Laugenecken,
Teigmenge ca. 100 g pro Stück

TEIG

130 g leitungskaltes Wasser
275 g Weizenmehl Type 550 plus etwas zum Bemehlen
70 g Dinkelvollkornmehl
20 g Eigelb (etwa 1 Stück)
30 g Butter
30 g gekochte, zerdrückte Kartoffel
40 g Dattelsirup (oder Rohrzucker oder Honig)
6 g Salz
7 g frische Hefe

ZUM TOURIEREN

200 g kalte Butter

ZUM BESTREUEN

1–2 EL Sesamsaat

LAUGE*

500 g Wasser (20 °C)
20 g Laugenperlen (Natriumhydroxid, NaOH)

AUSSERDEM

mechanischer Teigausroller (alternativ Rollholz)
Backstahl oder -stein (alternativ umgedrehtes Backblech)
Dauerbackfolie

*** VORSICHT!**
Arbeiten mit Lauge siehe Seite 153.

VORTAG ❶ **TEIG** Die Zutaten in die Rührschüssel der Küchenmaschine geben und mit dem Knethaken 4–5 Minuten zu einem glatten festen Teig kneten, dabei mit langsamer Geschwindigkeit beginnen und nach 2–3 Minuten auf mittlere Stufe stellen. (Alternativ von Hand mit der Grundmethode 15 Minuten kneten.) Die Schüssel abdecken und den Teig etwa 12 Stunden (oder 10–14 Stunden) im Kühlschrank bei 5 °C ruhen lassen.

BACKTAG ❷ **ZUM TOURIEREN** Die kalte Butter zu einem 7–8 mm dicken Rechteck ausrollen. Den Teig auf der leicht bemehlten Arbeitsfläche doppelt so groß ausrollen, die Butter auf die eine Hälfte des Teigs legen und die andere Teighälfte darüberschlagen, sodass die Butter vollständig umhüllt ist. ❸ Den Teig erneut 7–8 mm dick ausrollen und dabei darauf achten, dass er rechteckig bleibt. Dann wie einen Geschäftsbrief falten (erste einfache Tour). Sofort erneut auf 7–8 mm Dicke ausrollen und nochmals wie einen Geschäftsbrief falten (zweite einfache Tour). Je präziser das geschieht, desto schöner werden später die Laugenecken. ❹ Wenn der Teig noch nicht zu warm und noch gut dehnbar ist, zu einem 5 mm dicken Rechteck ausrollen. Falls er bereits zu warm geworden ist, kurz kalt stellen. Den Teig mit einem scharfen Messer längs halbieren und eine Hälfte auf die andere legen, sodass ein langes schmales Rechteck entsteht. In vier gleich große Rechtecke schneiden und diese diagonal halbieren, sodass acht rechtwinklige Dreiecke (à etwa 100 g) entstehen. Auf der Arbeitsfläche abdecken und bei Raumtemperatur 2–3 Stunden reifen lassen. ❺ Die Teiglinge auf ein Backblech oder ein Tablett legen und zum Absteifen 20–30 Minuten in den Kühlschrank stellen. ❻ Inzwischen den Backofen mit Backstahl oder -stein (mittlere Schiene) auf 220 °C Heißluft oder Umluft vorheizen.

Seite 150

❼ **LAUGE** Das Wasser in eine Edelstahl- oder Kunststoffschüssel geben. Die Laugenperlen hineinstreuen und vorsichtig umrühren, bis sie ganz aufgelöst sind. Dämpfe nicht einatmen! Die abgesteiften Teiglinge mithilfe eines Schaumlöffels nacheinander 3–5 Sekunden in die Lauge tunken. Danach auf ein mit der Dauerbackfolie belegtes Backblech geben, mit Sesam bestreuen und in den vorgeheizten Ofen schieben. Die Temperatur auf 190 °C reduzieren und 16–18 Minuten backen. ❽ Herausnehmen, die Laugenecken mit Wasser besprühen und abkühlen lassen.

Nährwerte
pro Stück (pro 100 g): 396 kcal, F 26 | KH 34 | B 3 | EW 6

Allergene Weizen, Dinkel, Gluten, Ei, Laktose/Milcheiweiß, Hefe, Histamin, Kartoffel, Sesam, Dattel, evtl. Honig

Komplettes Rezept auf Seite 149

Laugenecken

Steps 2 3 4

Tipps

- Wenn Sie noch nie Plunderteig hergestellt haben, rate ich dazu, sich im Internet vorher Videos anzusehen.
- Es hilft, wenn die Küche für das Teigtourieren nicht wärmer als 18 °C ist. Dann wird die Butter nicht so schnell weich. Ist das nicht möglich, müssen Sie schnell arbeiten oder den Teig zwischendurch kühlen.
- Ein mechanischer Teigausroller vereinfacht die Arbeitsschritte und liefert bessere Ergebnisse, aber ein Rollholz tut es natürlich auch.
- Zum Backen kein Backpapier verwenden, denn das verklebt wegen der Lauge fast untrennbar mit dem Backgut.

10
11
12
13
14
15
16
17
18
19
20
21
22
23
24

POSITIVE GESUNDHEITSASPEKTE

+ weizenfrei
+ ballaststoffreicher
+ länger sättigend

BESONDERS GEEIGNET BEI

+ Nicht-Gluten-Weizensensitivität
+ Adipositas
+ Reizdarmsyndrom

Beispielhafter Zeitplan

Vortag	18:00	Teig herstellen, kalt stellen
Backtag	08:00	Teig abstechen, ausrollen, Hörnchen formen
	09:30	Teiglinge kalt stellen
	10:00	Ofen vorheizen
	10:15	Lauge herstellen, Teiglinge belaugen, evtl. bestreuen
	10:30	backen

A, D, F, N, R, S

Dinkel-Laugenhörnchen

Delikate Dinkel-Laugenhörnchen, die durch ihren Vollkornanteil etwas nährstoffreicher sind als kommerziell angebotene Laugenhörnchen, können Sie mit diesem Rezept selbst backen. Die Laugenperlen, die für die Herstellung der Lauge benötigt werden, bestellt man am besten im Hobbybäcker-Versandhandel.

9 Hörnchen,
Teigmenge ca. 95 g pro Stück

TEIG
240 g Milch (1,5 oder 3,5 % Fett)
100 g leitungskaltes Wasser
200 g Dinkelvollkornmehl
300 g Dinkelmehl Type 630 plus etwas zum Bemehlen
4 g frische Hefe
12 g Salz
10 g Schweineschmalz (alternativ Butterschmalz oder Butter)

LAUGE
500 g Wasser (20 °C)
20 g Laugenperlen (Natriumhydroxid, NaOH)

AUSSERDEM
Dauerbackfolie
Backstahl oder -stein (alternativ umgedrehtes Backblech)

VORSICHT! Die entstandene vierprozentige Natronlauge ist ätzend! Deshalb Schutzhandschuhe, Schutzbrille und Schürze tragen und auch die Arbeitsfläche schützen. Die Lauge kann zu Hautverletzungen führen und ungeeignete Materialien angreifen. Laugenperlen vor Kindern sicher lagern.

VORTAG 1 **TEIG** Die Zutaten in die Rührschüssel der Küchenmaschine geben und mit dem Knethaken bei langsamer Geschwindigkeit 6 Minuten und 1 Minute auf mittlerer Stufe zu einem glatten Teig kneten. (Alternativ von Hand mit der Grundmethode etwa 20 Minuten kneten.) Den Teig abdecken und etwa 14 Stunden (oder 12–16 Stunden) im Kühlschrank bei 5 °C reifen lassen.

BACKTAG 2 Den Teig auf die leicht bemehlte Arbeitsfläche stürzen, in neun gleich große Stücke (à etwa 95 g) teilen, zu Kugeln formen und zu 5 mm dicken, spitzwinkligen Dreiecksformen ausrollen. (Alternativ den Teig zu einem 5 mm dicken Rechteck ausrollen und in spitzwinklige Dreiecke schneiden.) Von der kurzen Basiskante her straff aufrollen, zu Hörnchen formen, auf ein mit der Dauerbackfolie ausgelegtes Backblech legen und abgedeckt bei Raumtemperatur etwa 60 Minuten reifen lassen. Dann die Abdeckung entfernen und das Blech zum Absteifen der Teiglinge 40–50 Minuten in den Kühlschrank stellen. 3 Inzwischen den Backofen mit Backstahl oder -stein (mittlere Schiene) auf 220 °C Heißluft oder Umluft vorheizen. 4 **LAUGE** Das Wasser in eine Edelstahl- oder Kunststoffschüssel geben. Die Laugenperlen hineinstreuen und vorsichtig umrühren, bis sie vollständig aufgelöst sind. Dämpfe nicht einatmen! Die abgesteiften Teiglinge mithilfe eines Schaumlöffels nacheinander 5–10 Sekunden in die Lauge tunken. Dann wieder auf das Backblech legen und in den vorgeheizten Ofen schieben. Die Temperatur auf 200 °C reduzieren und 16–19 Minuten backen, dabei den Backvorgang zwischendurch beobachten, damit die Hörnchen nicht zu dunkel werden. 5 Herausnehmen, die Laugenhörnchen mit Wasser besprühen und auf einem Küchengitter auskühlen lassen.

2 Seite 154

Tipp Wer möchte, kann die Teiglinge vor dem Backen noch mit groben Salzkörnern oder Sesamsaat bestreuen. Zum Backen kein Backpapier verwenden, denn das verklebt wegen der Lauge fast untrennbar mit dem Backgut. Wenn Sie keine Laugenperlen bekommen, können Sie die Hörnchen auch in einer leicht kochenden Natriumhydrogencarbonat-Lösung ($NaHCO_3$) aus Natronpulver und Wasser (zum Beispiel 35 g Kaisernatron auf 500 g Wasser) 10–20 Sekunden belaugen. Sie sehen dann optisch aber etwas anders aus.

Nährwerte
pro Stück: 218 kcal, F 3 | KH 38 | B 3 | EW 8
pro 100 g: 230 kcal, F 3 | KH 40 | B 3 | EW 8

Allergene
Dinkel, Gluten, Laktose/Milcheiweiß, Hefe, Histamin, Schwein, evtl. Sesam

Komplettes Rezept auf Seite 153

Dinkel-Laugenhörnchen

Step 2

Den Teig auf die leicht bemehlte Arbeitsfläche stürzen, in neun gleich große Stücke teilen, zu Kugeln formen und zu 5 mm dicken, spitzwinkligen Dreiecksformen ausrollen. Von der kurzen Basiskante her straff aufrollen und zu Hörnchen formen.

Komplettes Rezept auf Seite 157

Rotkorn-Seelen

Step 5

Den Teig auf die gut mit Wasser angefeuchtete Arbeitsfläche stürzen und mit nassen Händen zu einem etwa 20 × 30 cm großen Rechteck ziehen. Die Dauerbackfolie auf den Brotschieber legen. Mit nassen Händen und beiden Handkanten von der kurzen Seite des Teiges aus vier 7–8 cm breite Teigstreifen (à etwa 240 g) abstechen, mit etwas Abstand nebeneinander auf die Dauerbackfolie setzen und etwa 30 Minuten ohne abzudecken ruhen lassen.

POSITIVE GESUNDHEITSASPEKTE

+ geringerer Blutzuckeranstieg
+ hoher Ballaststoffgehalt
+ lange sättigend
+ viele Mikronährstoffe

BESONDERS GEEIGNET BEI

+ Adipositas
+ Diabetes mellitus
+ Reizdarmsyndrom

Beispielhafter Zeitplan

Vortag	07:00	Sauerteig herstellen
	19:00	Autolyseteig herstellen
	19:45	Hauptteig kneten, kalt stellen
	21:00	Teig dehnen und falten
Backtag	08:00	Ofen vorheizen, Teiglinge abstechen
	08:45	besprühen, bestreuen, beschwaden, backen

A, D, F, L, R, S

Rotkorn-Seelen

Rotkornweizen ist eine ernährungsphysiologisch spannende Variante des Weizens. Seine Getreideschale ist reich an speziellen Pflanzenfarbstoffen (Anthocyanen), die für eine violette Färbung sorgen. Im Körper entfalten diese Farbstoffe trotz ihrer nur geringen Aufnahme im Darm eine antioxidative Wirkung. Das heißt, dass sie freie Radikale binden und damit unsere DNS vor Schäden schützen. In diesem Rezept wird der Rotkornweizen als Vollkornmehl verwendet, um gehaltvolle Seelen (Brotstangen süddeutscher Art) herzustellen.

4 Seelen,
Teigmenge ca. 240 g pro Stück

SAUERTEIG
50 g Wasser (40 °C)
5 g Sauerteig-Anstellgut (siehe Seite 46 ff.)
50 g Rotkornweizen-Vollkornmehl

AUTOLYSETEIG
340 g leitungskaltes Wasser
225 g Rotkornweizen-Vollkornmehl
275 g Weizenmehl Type 550

HAUPTTEIG
340 g leitungskaltes Wasser

AUTOLYSETEIG
5 g frische Hefe
12 g Salz
15 g Schmalz oder Pflanzenöl plus etwas zum Einfetten

ZUM BESTREUEN
1 EL grobes Hagelsalz
1–2 EL Kümmelkörner

AUSSERDEM
Teigwanne mit Deckel
Backstahl oder -stein (alternativ umgedrehtes Backblech)
Dauerbackfolie (oder Backpapier)
Brot- oder Pizzaschieber (alternativ großes Küchenbrett)

Tipp Statt Rotkornweizen- kann auch normales Weizenvollkornmehl verwendet werden.

VORTAG ❶ **SAUERTEIG** Die Zutaten in eine Schüssel geben, mit einem Löffel gut vermischen, abdecken und bei Raumtemperatur etwa 12 Stunden (oder 10–14 Stunden) reifen lassen. ❷ **AUTOLYSETEIG** Die Zutaten in die Rührschüssel der Küchenmaschine geben, den Sauerteig hinzufügen und mit dem Knethaken bei langsamer Geschwindigkeit vermischen, bis das Mehl eingearbeitet ist. Die Schüssel abdecken und den Teig bei Raumtemperatur etwa 30 Minuten quellen lassen. (Alternativ von Hand mischen.) ❸ **HAUPTTEIG** Hefe, Salz und Schmalz (oder Öl) zum Autolyseteig in die Rührschüssel geben und mit dem Knethaken 8–10 Minuten kneten, bis der Teig glatt ist und sich von der Schüssel löst, dabei mit langsamer Geschwindigkeit beginnen und nach 2–3 Minuten auf mittlere Stufe stellen. (Alternativ von Hand mit der Faltmethode herstellen.) Den Teig in die eingeölte Teigwanne geben und im Kühlschrank etwa 12 Stunden (oder 12–24 Stunden) bei 5 °C reifen lassen, dabei nach etwa 60 Minuten einmal dehnen und falten.

BACKTAG ❹ Den Backofen mit Backstahl oder -stein (mittlere Schiene) auf 240 °C Heißluft oder Umluft vorheizen. ❺ Den Teig auf die gut mit Wasser angefeuchtete Arbeitsfläche stürzen und mit nassen Händen zu einem etwa 20 × 30 cm großen Rechteck ziehen. Die Dauerbackfolie auf den Brotschieber legen. Mit nassen Händen und beiden Handkanten von der kurzen Seite des Teiges aus vier 7–8 cm breite Teigstreifen (à etwa 240 g) abstechen, mit etwas Abstand nebeneinander auf die Dauerbackfolie setzen und etwa 30 Minuten ohne abzudecken ruhen lassen (falls es Zugluft geben sollte, die Teiglinge zwischendurch mit Wasser besprühen). ❻ Die Teiglinge mit Wasser besprühen, mit grobem Hagelsalz und Kümmel bestreuen, samt Dauerbackfolie in den vorgeheizten Ofen einschießen, mit 50–60 ml Wasser beschwaden und 18–20 Minuten backen. ❼ Herausnehmen und die Seelen auf einem Küchengitter auskühlen lassen.

5 Seite 155

Nährwerte
pro Stück: 517 kcal, F 7 | KH 93 | B 3 | EW 16
pro 100 g: 215 kcal, F 3 | KH 39 | B 1 | EW 7

Allergene
Weizen, Gluten, Hefe, Histamin, Kümmel, evtl. Schwein, evtl. Pflanzenöl

Beispielhafter Zeitplan

Vortag	19:00	Sauerteig und Quellstück herstellen
Backtag	07:00	Hauptteig kneten (1. Quellknetung)
	07:45	Hauptteig kneten (2. Quellknetung)
	08:00	Teigling langwirken, wälzen, in die Form geben
	09:45	Ofen vorheizen
	10:15	beschwaden, backen

POSITIVE GESUNDHEITSASPEKTE

- + geringerer Blutzuckeranstieg
- + mehr Ballaststoffe
- + lange sättigend
- + gute Bekömmlichkeit

BESONDERS GEEIGNET BEI

- + Nicht-Gluten-Weizensensitivität
- + Adipositas
- + Diabetes mellitus

A, D, F, N, L, R, S

Ostfriesisches Schwarzbrot

Ein echtes norddeutsches Traditionsbrot aus dem vollen Roggenkorn, kräftig kernig und mit bester Frischhaltung. Die ausschließliche Sauerteigreifung ist optimal für die Verdauung und senkt den glykämischen Index. Sie können gestärkt in den Tag starten und benötigen keine Zwischenmahlzeiten. Das wiederholte lange Kneten des Teiges (Quellknetung) löst die Stärke und die Schleimstoffe aus den Getreideschalen und sorgt für die nötige Teigbindung. Hefe sollten Sie in diesem Rezept nur einsetzen, wenn Sie einen noch wenig triebkräftigen Sauerteig haben.

1 Brot, Teigmenge ca. 1.530 g

SAUERTEIG
300 g Wasser (40 °C)
30 g Sauerteig-Anstellgut (siehe Seite 46 ff.)
300 g grobes Roggenschrot

QUELLSTÜCK
150 g leitungskaltes Wasser
150 g grober Roggenschrot oder Roggenflocken
18 g Salz

HAUPTTEIG
150 g Wasser (40 °C)
300 g grober Roggenschrot plus etwas zum Wälzen
100 g Roggenvollkornmehl
35 g Roggenmalz inaktiv oder Zuckerrübensirup
2 g frische Hefe (nach Bedarf; entspricht etwa 2 Erbsen)
Pflanzenöl zum Einfetten

AUSSERDEM
Kastenform (etwa 23 cm Länge)
Backstahl oder -stein (alternativ umgedrehtes Backblech)

VORTAG 1 **SAUERTEIG** Die Zutaten in die Rührschüssel der Küchenmaschine geben und mit dem Knethaken bei langsamer Geschwindigkeit 10–15 Minuten kneten. Den Teig in eine Schüssel geben, abdecken und bei Raumtemperatur etwa 12 Stunden (oder 10–14 Stunden) reifen lassen. 2 **QUELLSTÜCK** Die Zutaten in der Küchenmaschine mit dem Knethaken bei langsamer Geschwindigkeit 10–15 Minuten kneten. Die Schüssel abdecken und die Masse bei Raumtemperatur etwa 12 Stunden (oder 10–14 Stunden) quellen lassen.
BACKTAG 3 **HAUPTTEIG** Wasser, Roggenschrot, Vollkornmehl, Malz und eventuell Hefe zum Quellstück in die Rührschüssel geben, den Sauerteig hinzufügen und mit dem Knethaken bei langsamer Geschwindigkeit 15–20 Minuten kneten, dabei an der Schüsselwand anhaftenden Teig zwischendurch immer wieder lösen (erste Quellknetung). 4 Die Schüssel abdecken und den Teig etwa 30 Minuten ruhen lassen. Dann erneut bei langsamer Geschwindigkeit nochmals 10–15 Minuten kneten, bis der Teig schön gebunden ist (zweite Quellknetung). 5 Auf die mit Wasser gut befeuchtete Arbeitsfläche geben, den Teig mit feuchten Händen langwirken und in Roggenschrot wälzen. In die eingeölte Kastenform legen, abdecken und bei 26–28 °C (Tipp siehe Seite 113) 90–120 Minuten gehen lassen, bis der Teig den Rand der Form erreicht. Bei Raumtemperatur verlängert sich die Reifezeit. 6 Inzwischen den Backofen mit Backstahl oder -stein (mittlere Schiene) auf 220 °C Ober-/Unterhitze vorheizen. 7 Die Kastenform in den vorgeheizten Ofen stellen und mit 30–40 ml Wasser beschwaden. Temperatur auf 190 °C regeln und 80–90 Minuten backen. 8 Aus dem Ofen nehmen, das Brot aus der Form stürzen, auf einem Küchengitter auskühlen lassen und vor dem Anschneiden mindestens 12 Stunden ruhen lassen.

Tipp Geben Sie auch mal 100 g geröstete Sonnenblumenkerne zum Hauptteig. Das macht das Brot noch kerniger und wertvoller. Bei diesem Rezept sollten Sie eine Küchenmaschine einsetzen, denn das Kneten von Hand ist kaum zu bewältigen.

Nährwerte
pro Scheibe: 103 kcal, F 1 | KH 21 | B 4 | EW 3
pro 100 g: 172 kcal, F 1 | KH 35 | B 7 | EW 5

Allergene
Roggen, Gluten,
evtl. Hefe, Histamin

POSITIVE GESUNDHEITSASPEKTE

+ glutenfrei
+ histaminarm
+ hefefrei

BESONDERS GEEIGNET BEI

+ Nicht-Gluten-Weizensensitivität
+ Histamin-Intoleranz
+ Zöliakie

A, D, F, H, L, N, R, S, Z

Maistortillas

Maistortilla, seit Jahrtausenden das traditionelle Brot Mittelamerikas, eignet sich ideal für eine glutenfreie Ernährung bei Zöliakie und ist oft gut verträglich bei Histamin-Intoleranz. Heutzutage sind auch Mischungen aus Weizen- und Maismehl oder reine Weizentortillas in der mexikanischen und amerikanischen Küche üblich. Für diese selbst gemachten Maistortillas empfiehlt sich die Verwendung von speziellem Maismehl (Masa harina), das durch Nixtamalisation gewonnen wird. Dieser Prozess, bei dem die Maiskörner in alkalischer Lösung eingeweicht, gekocht und geschält werden, macht viele Nährstoffe verfügbar und ermöglicht die Herstellung von gebundenem Teig.

14 Tortillas,
Teigmenge ca. 40 g pro Stück

TEIG

260 g Masa harina (nixtamalisiertes Maismehl)
285 g Wasser (60 °C)
10 g Pflanzenöl
5 g Salz

AUSSERDEM

Tortillapresse (falls vorhanden)
Tortillakorb (falls vorhanden)

❶ Für die Maistortillas die Zutaten in eine Schüssel geben und von Hand zu einem glatten elastischen Teig kneten, der nicht klebt. Wenn der Teig zu trocken ist, noch etwas Wasser hinzugeben. Dann etwa 20 Minuten quellen lassen. ❷ Vom Teig 14 Teiglinge (à etwa 40 g) abstechen und zu Kugeln formen. Eine Pfanne auf mittlerer Hitze vorheizen. Eine Kugel zwischen zwei Kunststofffolien (am besten einen aufgeschnittenen Gefrierbeutel, alternativ Backpapier verwenden) in die Tortillapresse geben und zu einem dünnen Fladen (Ø etwa 15 cm) pressen. (Alternativ von Hand oder mit einem Küchenbrett flach drücken oder ausrollen.) ❸ In der heißen Pfanne backen, und zwar nach dem 30-60-30-Prinzip. Das heißt: 30 Sekunden backen, dann wenden und 60 Sekunden backen, dann wieder wenden und noch mal 30 Sekunden backen. Wenn die Tortilla dabei wie ein Ballon aufgeht, mit einem Pfannenwender wieder flach drücken. Die fertige Tortilla in den Tortillakorb geben (alternativ in ein Küchentuch einschlagen), damit sie nicht austrocknet. Auf die gleiche Weise die restlichen Tortillas zubereiten. ❹ Die Tortillas halten sich in einem Kunststoffbeutel 3–4 Tage frisch.

② Seite 162

Tipp Klassisch werden Tortillas mit Gemüse-, Salat-, Fleisch- oder Fischzubereitungen gefüllt. Sie eignen sich aber auch sehr gut als glutenfreier Brotersatz.

Nährwerte

pro Stück: 67 kcal, F 2 | KH 12 | B 0 | EW 2
pro 100 g: 166 kcal, F 4 | KH 29 | B 0 | EW 4

Allergene

Mais, Pflanzenöl

Komplettes Rezept auf Seite 161

Maistortillas

Step 2

Vom Teig 14 Teiglinge (à etwa 40 g) abstechen und zu Kugeln formen. Eine Kugel zwischen zwei Kunststofffolien (am besten einen aufgeschnittenen Gefrierbeutel, alternativ Backpapier verwenden) in die Tortillapresse geben und zu einem dünnen Fladen (Ø etwa 15 cm) pressen.

Komplettes Rezept auf Seite 165

Pizza

Step 5

Die Teiglinge nacheinander zu Pizzaböden ausziehen. Dazu einen Teigling in Mehl wenden, dann mit beiden Handrücken (Finger zeigen zu den Handflächen) unter den Teig gehen und diesen vorsichtig zu allen Seiten hin auseinanderziehen. Dabei sollte am Rand der Pizza eine Verdickung verbleiben.

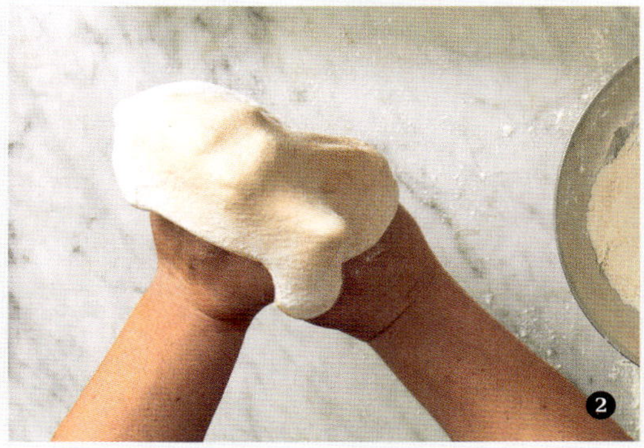

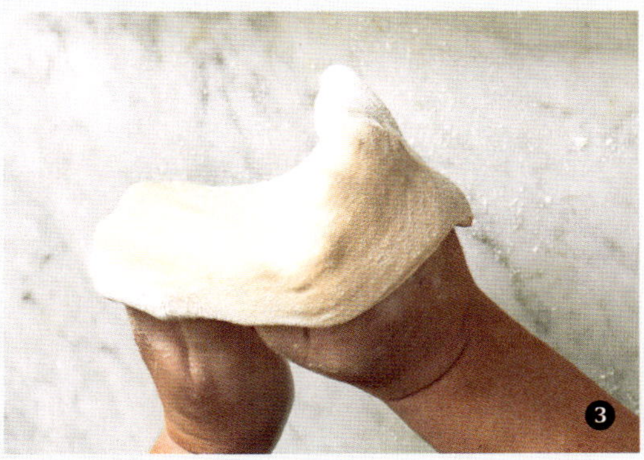

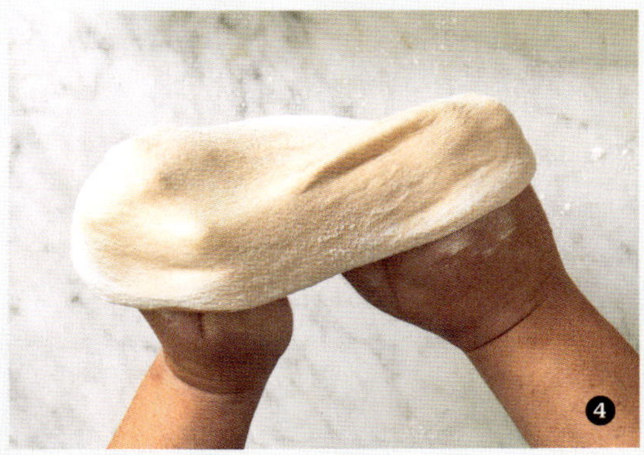

Beispielhafter Zeitplan

Vortag	18:00	Autolyseteig herstellen
	18:30	Hauptteig kneten
	19:15	Teiglinge abstechen, rundwirken, kalt stellen
Backtag	11:30	Ofen vorheizen
	12:00	Pizzaböden nacheinander formen, belegen, backen

POSITIVE GESUNDHEITSASPEKTE

+ geringerer Blutzuckeranstieg
+ höherer Ballaststoffanteil
+ länger sättigend

BESONDERS GEEIGNET BEI

+ Adipositas
+ Diabetes mellitus
+ Reizdarmsyndrom

A, D, F, L, R, S

Pizza

Die etwas gehaltvollere Alternative zu hellem Pizzateig. Durch den Vollkornanteil hat der Teig mehr Ballaststoffe und sättigt besser. Um die geformten Teiglinge gut reifen zu lassen und für eine perfekte Elastizität zu sorgen, sollten sie in einer eingeölten Teigwanne mindestens 12 Stunden ruhen. Danach einfach auseinanderziehen, belegen, backen und genießen. Schneller geht es nicht!

4 Teiglinge,
Teigmenge ca. 280 g pro Pizza

AUTOLYSETEIG
455 g leitungskaltes Wasser
230 g Weizenvollkornmehl
420 g Weizenmehl Type 550 (alternativ Pizzamehl)

HAUPTTEIG
16 g Salz
3 g frische Hefe
15 g Olivenöl plus etwas zum Einfetten
Weizenmehl Type 550 (oder Pizzamehl) zum Bemehlen

AUSSERDEM
Teigwanne mit Deckel
Backstahl oder -stein (alternativ umgedrehtes Backblech)
Dauerbackfolie
Brot- oder Pizzaschieber (alternativ großes Küchenbrett)

VORTAG ❶ **AUTOLYSETEIG** Die Zutaten in die Rührschüssel der Küchenmaschine geben und mit dem Knethaken bei langsamer Geschwindigkeit vermischen, bis keine Mehlreste mehr zu sehen sind. Die Schüssel abdecken und den Vorteig bei Raumtemperatur 20–30 Minuten ruhen lassen. (Alternativ von Hand mischen.) ❷ **HAUPTTEIG** Salz, Hefe und Olivenöl zum Autolyseteig in die Rührschüssel geben. Den Teig 12–14 Minuten gut auskneten. Dabei mit langsamer Geschwindigkeit beginnen und nach 4–5 Minuten auf mittlere Stufe stellen. (Alternativ von Hand mit der Grundmethode etwa 25 Minuten kneten.) Die Schüssel abdecken und den Teig etwa 30 Minuten ruhen lassen. ❸ Den Teig in vier gleich große Stücke (à etwa 280 g) teilen und rundwirken. In die eingeölte Teigwanne legen, abdecken, in den Kühlschrank stellen und etwa 16 Stunden (mindestens 12 oder bis zu 24 Stunden) bei 5 °C reifen lassen.

BACKTAG ❹ Den Backofen mit Backstahl oder -stein (mittlere Schiene) so heiß wie möglich auf Ober-/Unterhitze vorheizen (optimal 300 °C). ❺ Teiglinge nacheinander zu Pizzaböden ausziehen. Dazu einen Teigling in Mehl wenden, dann mit beiden Handrücken (Finger zeigen zu den Handflächen) unter den Teig gehen und diesen vorsichtig zu allen Seiten auseinanderziehen. Dabei sollte am Rand der Pizza eine Verdickung bleiben. ❻ Den Teigboden auf den mit Dauerbackfolie belegten Pizzaschieber legen, auf die gewünschte Größe zurechtziehen, nach Wunsch belegen (siehe Tipp), in den vorgeheizten Ofen einschießen und 6–9 Minuten backen. Den Backvorgang beobachten und die Pizza rechtzeitig aus dem Ofen nehmen. So drei weitere Pizzen backen.

5 Seite 163

Tipp Für eine Pizza Margherita braucht man etwa 80 g Tomatensauce, 1–2 EL geriebenen Parmesan, einige Basilikumblätter, 80–100 g in Stifte geschnittenen Mozzarella und etwas Olivenöl. Die Zutaten in der angegebenen Reihenfolge auf den Pizzaboden geben und wie oben beschrieben backen. Auf dieser Grundlage können Sie die Pizza nach Belieben noch mit anderen Zutaten belegen. 16–20 Minuten backen.

Nährwerte
pro Stück: 578 kcal, F 6 | KH 110 | B 12 | EW 18
pro 100 g: 206 kcal, F 2 | KH 39 | B 4 | EW 6

Allergene
Weizen, Gluten, Hefe, Histamin, Olive (je nach Belag können weitere Allergene enthalten sein)

Autorendank

Ich danke an dieser Stelle vor allem meiner Frau Bahar und meinen drei Töchtern Shadi, Shirin und Sheila, dass sie mich während der Arbeit an diesem Buch oft entbehrt haben. Oder unsere Küche nicht nutzen konnten, weil wieder alles mit Vorteigen, Teigen und Zubehör vollstand. Danke auch für eure kritischen Anmerkungen während der Backversuche.

Danken möchte ich auch dem Becker Joest Volk Verlag für das Vertrauen, das er in mich und dieses Buch gesetzt hat. Bei allen Mitarbeiterinnen und Mitarbeitern des Verlags bedanke ich mich für die sehr gute Zusammenarbeit.

Hubertus Schüler, dem Fotografen, danke ich für die freundliche Aufnahme in seinem Atelier und die geduldige und professionelle Art, mit der er arbeitet. Und zuletzt danke ich allen Leserinnen und Lesern für das Interesse an diesem Buch. Es würde mich freuen, wenn es Ihnen hilft, Brot wieder besser zu vertragen und damit ein leichteres Leben leben zu können.

Verlagsdank

Als einer der erfolgreichsten Brot-Influencer hat Dr. med. Björn Hollensteiner das Brotbacken nachhaltig verändert. Lieber Björn, wir freuen uns, dass du dein Wissen und deine Rezepte in diesem Buch mit uns teilst. Dein Engagement für gesündere Alternativen und mehr Ballaststoffe in Broten ohne Geschmacksverlust ist bemerkenswert. Dein Talent, komplexe medizinische Zusammenhänge verständlich zu erklären, macht das gesunde Brotbacken zudem für ein breites Publikum zugänglich.

Hubertus Schüler, danke für die großartigen Rezeptfotos und die Fülle an detaillierten Step-Fotos. Martin Steffen, vielen Dank für die Porträtfotografie.

Wir danken zudem allen, die zum Gelingen des Buches beigetragen haben. Ein besonderer Dank geht an Şebnem Yavuz für das Rezeptlektorat und an Doreen Köstler für das Schlusslektorat. Vielen Dank an Justyna Schwertner für die ausgefeilte Buchgestaltung. Außerdem danken wir unseren Mitarbeiterinnen und Mitarbeitern Claudia Braun, Katerina Stegemann, Annika Steinacker, Lena Vaßen und Markus Neis.

Nützliche Bezugsadressen

Viele Zutaten wie Mehle, Saaten und Hülsenfrüchte finden Sie auch im örtlichen Handel.

Mehle und Zutaten

Biomühle Eiling	biomuehle-eiling.de	gute deutsche Mehle und Zutaten
Drax Mühle	drax-muehle.de	gute deutsche Mehle und Zutaten
Bongu	bongu.de	gute Spezialmehle, ausländische Mehle
Deligio	deligio-shop.de	gute Spezialmehle, ausländische Mehle
Wagner Mühle	wagnermuehle.de	Ackerbohnenmehl, Buchweizenmehl, Leinmehl
KoRo Versandhandel	korodrogerie.de	Leinmehl, Datteln, Saaten in großen Gebinden
Hobbybäckerversand	hobbybaecker.de	Laugenperlen, Backzubehör

Zubehör

Blechking	blechking.de	Backstahl nach Maß
Schamotte-Shop	schamotte-shop.de	Backstein nach Maß
Maxima	maxima.com	meine Knetmaschinen-Empfehlung
Graef	graef.de	Knetmaschinen
WILFA	de.wilfa.com	Knetmaschinen
Häussler	backdorf.de	Holzbackrahmen und weiteres Zubehör
Mockmill	mockmill.com	Getreidemühlen
J. Hauer Schnitt-Holz	schnitt-holz.com	Teigmesser, Klingenhalter, Rollhölzer
Minerva	teetraeume.de	Kastenformen, Gärkörbchen, weiteres Zubehör

Impressum

BECKER
JOEST
VOLK
VERLAG

Originalausgabe Becker Joest Volk Verlag GmbH & Co. KG
Bahnhofsallee 5, 40721 Hilden, Deutschland
www.bjvv.de, info@bjvv.de

1. Auflage Oktober 2024
ISBN 978-3-95453-310-7

TEXT UND REZEPTE Dr. med. Björn Hollensteiner
FOODFOTOGRAFIE Hubertus Schüler
PROJEKTLEITUNG Claudia Braun
BUCHGESTALTUNG Justyna Schwertner
BILDBEARBEITUNG Markus Neis
FACHLEKTORAT REZEPTE Sebnem Yavuz
LEKTORAT Doreen Köstler
DRUCK Firmengruppe Appl, aprinta druck GmbH

BILDCREDITS
Porträt S. 5: Martin Steffen.
iStockPhoto: S. 7 Brot: Magone, S. 7 Lupe: Pavlo Stavnichuk, S. 8 helle Scheibe: Kateryna Bibro, S. 8 dunkle Scheibe: Iryna Kharkova, S. 10: chombosan, S. 14 Gastroskopie: Olga Budrina, S. 14 Ultraschall: FancyTapis, S. 23: Olha Pohrebniak, S. 27 Vollkorn: PeterHermesFurian, S. 27 Toast: Iryna Kharkova, S. 28: enciktat, S. 32 und 48: Nataliia Pyzhova, S. 32: Oksana Ermak, S. 33: VectorMine, S. 36 Hirse: kolesnikovserg, S. 36: DrPAS, S. 36 Hafer: Francois-Edmond, S. 39 Quinoa: DeeNida, S. 39 Leinsamen: xamtiw, S. 39 Buchweizen: pioneer111, S. 48: masa44, S. 48 Messbecher: Coprid, S. 49 Sauerteig: MarianVejcik, S. 49 Gießkanne: s-cphoto.
Herstellerfotos:
S. 34: Mockmill LINO 200 von Wolfgang Mock GmbH
S. 43: Küchenmaschine: Wilfa Probaker
S. 43: Klingenhalter: Jochen Hauer Schnitt-Holz

Dr. med. Björn Hollensteiner

ist Jahrgang 1974, Hausarzt, Hobbybäcker und Buchautor. Seit 15 Jahren backt der Vater dreier Kinder gesundes Brot in der eigenen Küche für die Familie und berichtet darüber auf seinem Backblog brotdoc.com. In internationalen Weiterbildungen und auf Profi-Kursen an einer deutschen Backakademie erlangte er weitere Kenntnisse.

In seiner Praxis behandelt er fast täglich Menschen mit Verdauungsbeschwerden und ernährungsassoziierten Erkrankungen. Dabei spielen seine Erfahrungen mit dem Brotbacken in der Beratung immer eine große Rolle.

Björn Hollensteiner ist Autor von drei erfolgreichen Brotbackbüchern und gibt regelmäßig Backkurse.